essentials

Essentials liefern aktuelles Wissen in konzentrierter Form. Die Essenz dessen, worauf es als „State-of-the-Art" in der gegenwärtigen Fachdiskussion oder in der Praxis ankommt. *Essentials* informieren schnell, unkompliziert und verständlich

- als Einführung in ein aktuelles Thema aus Ihrem Fachgebiet
- als Einstieg in ein für Sie noch unbekanntes Themenfeld
- als Einblick, um zum Thema mitreden zu können

Die Bücher in elektronischer und gedruckter Form bringen das Fachwissen von Springerautor*innen kompakt zur Darstellung. Sie sind besonders für die Nutzung als eBook auf Tablet-PCs, eBook-Readern und Smartphones geeignet. *Essentials* sind Wissensbausteine aus den Wirtschafts-, Sozial- und Geisteswissenschaften, aus Technik und Naturwissenschaften sowie aus Medizin, Psychologie und Gesundheitsberufen. Von renommierten Autor*innen aller Springer-Verlagsmarken.

Denise M. Hradecky · Gerald G. Sander

Internationale Pflegefachkräfte für kommunale Krankenhäuser gewinnen

Maßnahmen und rechtliche Rahmenbedingungen

Denise M. Hradecky
Health Care Management
Interorganizational – Denise Hradecky
Göppingen
Baden-Württemberg, Deutschland

Gerald G. Sander
Staats-, Verwaltungs- und Europarecht
Hochschule für öffentliche Verwaltung
und Finanzen Ludwigsburg
Ludwigsburg
Baden-Württemberg, Deutschland

ISSN 2197-6708   ISSN 2197-6716 (electronic)
essentials
ISBN 978-3-658-44617-8   ISBN 978-3-658-44618-5 (eBook)
https://doi.org/10.1007/978-3-658-44618-5

Die Deutsche Nationalbibliothek verzeichnet diese Publikation in der Deutschen Nationalbibliografie; detaillierte bibliografische Daten sind im Internet über https://portal.dnb.de abrufbar.

Planung/Lektorat: Margit Schlomski
Springer Gabler ist ein Imprint der eingetragenen Gesellschaft Springer Fachmedien Wiesbaden GmbH und ist ein Teil von Springer Nature.
Die Anschrift der Gesellschaft ist: Abraham-Lincoln-Str. 46, 65189 Wiesbaden, Germany

Das Papier dieses Produkts ist recycelbar.

Was Sie in diesem *essential* finden können

- Ursachen des Pflegefachkräftemangels
- Einführung und Struktur der relevantesten Gesetze zur Bewältigung des Mangels an Pflegefachkräften
- Maßnahmen der kommunalen Krankenhäuser zur Anwerbung von Pflegefachkräften
- Maßnahmen des Bundesgesundheitsministeriums zur Anwerbung ausländischer Pflegefachkräfte
- Rechtliche Informationen bezüglich internationaler Maßnahmen zur Pflegefachkräfteanwerbung
- Kompakte Erläuterung der Gesetze zum Anerkennungsverfahren

Vorwort

Die vorliegende Studie analysiert die einschlägigen Gesetze im Zusammenhang mit internationalen Maßnahmen zur Bekämpfung des Pflegefachkräftemangels. Sie trägt hierfür die zentralen rechtlichen Normwerke im Bereich der Stärkung der Pflege zusammen. Ziel ist es, eine übersichtliche Zusammenstellung zu schaffen, die der Vielfalt der Gesetze Rechnung trägt und für Entscheidungsträger insbesondere in kommunalen Krankenhäusern, Behörden und in der Politik einen verständlichen Überblick schafft.

In diesem Buch werden die bis Ende Dezember 2023 beschlossenen Gesetze berücksichtigt, um einen möglichst aktuellen Stand zu gewährleisten.

Ein herzlicher Dank geht an unsere Familien für ihre Unterstützung während der Forschungszeit. Wir hoffen, dass dieses Essential einen Beitrag dazu leistet, fundiert informiert zu sein und somit zu guten Entscheidungen beizutragen.

Göppingen und Ludwigsburg
im Januar 2024

Denise M. Hradecky
Gerald G. Sander

Inhaltsverzeichnis

Über die Autoren

Denise Marie Hradecky, LL. M., MSc., B.H.
Interorganizational – Denise Hradecky
Rechberghäuser Weg 11, 73035 Göppingen
E-Mail: d.hradecky@interorganizational.de
Inhaberin von Interorganizational, Expertin in Gesundheitswirtschaft, Wirtschaftsrecht und internationaler Vernetzung.

Prof. Dr. iur. Gerald G. Sander, M.A., Mag. rer. publ.
Hochschule für öffentliche Verwaltung und Finanzen
Reuteallee 36, 71634 Ludwigsburg
E-Mail: gerald.sander@hs-ludwigsburg.de
Studiendekan und Professor für Staats-, Verwaltungs- und Europarecht an der Hochschule für öffentliche Verwaltung und Finanzen Ludwigsburg sowie Leiter des Instituts für Öffentliches Wirtschaftsrecht. Lehraufträge an den Universitäten Tübingen und Speyer.

Einleitung 1

Mit dem überwiegend am 1. Januar 2020 in Kraft getretenen Pflegeberufege-setz (PflBG) findet eine Neuordnung der Pflegeberufe statt, mit der auch das Berufsrecht der Pflege neugestaltet wird. Durch dieses Gesetz werden die Berufs-ausbildungen in den Bereichen Altenpflege, der Gesundheits- und Krankenpflege sowie der Gesundheits- und Kinderkrankenpflege zu einer neuen generalistischen Pflegeausbildung mit einem einheitlichen Berufsabschluss vereint. Dieser trägt gemäß § 1 PflBG die Bezeichnung ‚Pflegefachfrau/Pflegefachmann‘.

Auszubildende, die eine Tätigkeit in der Kinder- oder Altenpflege anstre-ben und einen spezifischen Vertiefungseinsatz vereinbart haben, haben jedoch die Möglichkeit, eine Wahl zu treffen. Falls im Ausbildungsvertrag ein Vertie-fungseinsatz in der pädiatrischen Versorgung festgelegt ist, besteht die Option, im letzten Ausbildungsdrittel einen separaten Abschluss als ‚Gesundheits- und Kinderkrankenpfleger/-in‘ zu wählen. Gleiches gilt, wenn ein Vertiefungseinsatz in der stationären Langzeitpflege oder der ambulanten Akut- und Langzeitpflege mit Schwerpunkt auf Langzeitpflege vereinbart wurde. In diesem Fall kann der Berufsabschluss ‚Altenpfleger/-in‘ im letzten Ausbildungsdrittel gewählt werden. Das Wahlrecht obliegt ausschließlich der oder dem Auszubildenden. Die Aus-übung dieses Rechts ist vier Monate vor Beginn des letzten Ausbildungsdrittels möglich und frühestens sechs Monate vor diesem Zeitpunkt. Die Notwendigkeit der Existenz dieser spezifischen Abschlüsse wird im Jahr 2026 überprüft. Der Gesetzgeber wird dann eine Entscheidung darüber treffen, ob die entsprechenden Regelungen aufgehoben oder beibehalten werden sollen.

© Der/die Autor(en), exklusiv lizenziert an Springer Fachmedien Wiesbaden GmbH, ein Teil von Springer Nature 2024
D. M. Hradecky und G. G. Sander, *Internationale Pflegefachkräfte für kommunale Krankenhäuser gewinnen*, essentials,
https://doi.org/10.1007/978-3-658-44618-5_1

Nur der Beruf der Pflegefachfrau und des Pflegefachmanns eröffnet allerdings die Möglichkeit der automatischen Berufsanerkennung im Sinne der Richtlinien 2005/36/EG[1].

▷ **Wichtig**
Ausschließlich im Beruf der Pflegefachfrau und des Pflegefachmanns besteht die Option der automatischen Berufsanerkennung.

Diese Neuordnung im PflBG dient der Umsetzung der vorgenannten EU-Richtlinie, ist aber auch eine Reaktion auf den seit einigen Jahren in Deutschland bestehenden Fachkräfteengpass in der Pflege. Der Bedarf an Pflegefachkräften in Deutschland wird laut einer Vorausberechnung des Statistischen Bundesamtes (Destatis) bis zum Jahr 2049 voraussichtlich um ein Drittel auf 2,15 Mio. steigen, verglichen mit den Zahlen von 2019, als es 1,62 Mio. erwerbstätige Pflegefachkräfte gab. Diese Prognose berücksichtigt den demografischen Wandel und die alternde Gesellschaft. Trotz des steigenden Bedarfs wird erwartet, dass zwischen 280.000 und 690.000 Pflegefachkräfte bis 2049 fehlen werden (Abb. 1.1).[2]
Prognostizierter Bedarf an Pflegefachkräften in Deutschland bis zum Jahr 2049.[3]

---

[1] ABl. EU 2005 Nr. L 255, S. 22.

[2] Abgerufen unter: https://www.destatis.de/DE/Presse/Pressemitteilungen/2024/01/PD24_033_23_12.html (letzter Zugriff am 31. Januar 2024).

[3] Abgerufen unter: https://www.destatis.de/DE/Themen/Gesellschaft-Umwelt/Gesundheit/Gesundheitspersonal/_inhalt.html (letzter Zugriff am 31. Januar 2024).

Engpassbetrachtung des vorausberechneten Bedarfs und Angebots von Pflegekräften
in Millionen

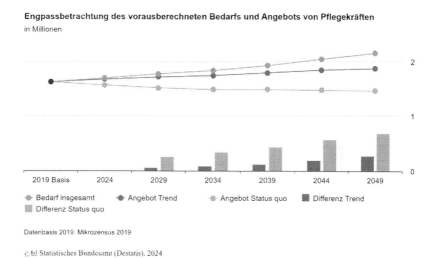

Datenbasis 2019: Mikrozensus 2019

© 📊 Statistisches Bundesamt (Destatis), 2024

Abb. 1.1 Analyse des Engpasses zwischen dem erwarteten Bedarf und dem verfügbaren Angebot an Pflegekräften bis zum Jahr 2049

Ursachen des Pflegefachkräftemangels $\qquad$ 2

Die zunehmende Alterung der Gesellschaft hat gravierende Auswirkungen auf den Bereich der Pflege. Zunächst findet eine starke Zunahme der älteren Bevölkerung in der Gesellschaft statt. So steigt die Lebenserwartung der Männer in Deutschland von 72,6 Jahren im Jahr 1990 auf 78,5 Jahren in 2020 und der Frauen im selben Zeitraum von 79 Jahren auf 83,4 Jahren.[1] Mit zunehmendem Alter werden die Menschen pflegebedürftiger und benötigen eine intensivere medizinische Versorgung und Pflege. Hierdurch steigt die Arbeitsbelastung des betreuenden Personals.

2.1 Demografischer Wandel

Die aktuelle Bevölkerungsstruktur zeigt bereits potenzielle Entwicklungslinien der Gesellschaft für die Zukunft auf. Seit ungefähr 40 Jahren ist die Anzahl der geborenen Kinder in der Bundesrepublik nicht mehr ausreichend, um die Elterngeneration zu ersetzen. Im Jahr 2022 betrug die Geburtenrate 1,46 Kinder pro Frau, während es eigentlich um die 2,1 Kinder sein müssen, damit die Gesellschaft nicht schrumpft.[2] Außerdem wird der Kreis krankheits- und

---

[1] Abgerufen unter: https://de.statista.com/statistik/daten/studie/273406/umfrage/entwic klung-der-lebenserwartung-bei-geburt-in-deutschland-nach-geschlecht/ (letzter Zugriff am 31. Januar 2024).

[2] Abgerufen unter: https://www.destatis.de/DE/Themen/Gesellschaft-Umwelt/Bevoelker ung/Geburten/_inhalt.html (letzter Zugriff am 31. Januar 2024).

© Der/die Autor(en), exklusiv lizenziert an Springer Fachmedien Wiesbaden GmbH, ein Teil von Springer Nature 2024
D. M. Hradecky und G. G. Sander, *Internationale Pflegefachkräfte für kommunale Krankenhäuser gewinnen*, essentials,
https://doi.org/10.1007/978-3-658-44618-5_2

pflegeanfälliger Personen durch die älter werdende Generation der sog. Baby-Boomer immer größer. Ohne die bisherige Zuwanderung aus dem Ausland wäre die Alterung der Bevölkerung Deutschlands noch deutlich ausgeprägter.[3]

Nach Angaben des Statistischen Bundesamts ist die Bevölkerungszahl nach den Ergebnissen der aktuellen Berechnung im Jahr 2022 allein aufgrund der starken Zuwanderung aus der Ukraine von 83 Mio. im Jahr 2021 auf 84 Mio. gestiegen. Bei einer moderaten Entwicklung der Geburtenhäufigkeit und Lebenserwartung sowie einer moderaten Nettozuwanderung von durchschnittlich 290.000 Personen jährlich würde die Bevölkerung bis 2030 auf 85 Mio. Menschen anwachsen und bis 2070 auf 83 Mio. Menschen zurückgehen.

In Zukunft werden aufgrund des aktuellen Altersaufbaus eine Zunahme der Anzahl älterer Menschen und ein Rückgang der Bevölkerung im Erwerbsalter erwartet. In Deutschland wird die Zahl der Rentner (ab 67 Jahren) bis Mitte der 2030er Jahre von derzeit 16,4 Mio. auf mindestens 20 Mio. steigen. Die Anzahl der Personen ab 80 Jahren wird bis Mitte der 2030er Jahre in etwa konstant bleiben und zwischen 5,8 und 6,7 Mio. betragen. In Deutschland werden somit der Anteil älterer Menschen und folglich der Bedarf an Pflege stark ansteigen.[4]

2.2   Arbeitsbelastung in der Pflege

Pflegefachkräfte sind einer hohen Arbeitsbelastung ausgesetzt. Dies führt zu einer überdurchschnittlichen Anzahl von krankheitsbedingten Ausfällen bei diesem Personenkreis. Das spezifische Belastungsprofil der Pflegeberufe zeichnet sich durch bestimmte Einflussfaktoren aus, die die Wahrscheinlichkeit einer länger andauernden und häufigeren Arbeitsunfähigkeit erhöhen.

2.2.1   Physische Belastung

Obwohl sich technologische und gesellschaftliche Veränderungen sowie die fortschreitende Digitalisierung und Automatisierung von Arbeitsabläufen fortsetzen, wird immer noch ein großer Teil der Arbeit von den Pflegenden mit körperlicher

---

[3] *Hellenkamp,* Bankwesen im Zeitalter von Disruptionen, Wiesbaden 2023, S. 35.

[4] Abgerufen unter: https://www.destatis.de/DE/Themen/Querschnitt/Demografischer-Wandel/_inhalt.html#120368 (letzter Zugriff am 31. Januar 2024).

Anstrengung ausgeführt.[5] In ihrem täglichen Arbeitsleben sind Pflegefachkräfte stets vielen physischen Belastungen ausgesetzt, insbesondere durch das Heben und Tragen sowie das Umlagern von Patienten. Obwohl es diverse Hilfsmittel und pflegeunterstützendes Inventar gibt, muss ein Großteil der Pflege immer noch in gebeugter, gedrehter oder kniender Haltung erfolgen. Laut einer Studie der Bundesanstalt für Arbeitsschutz und Arbeitsmedizin und des Bundesinstituts für berufliche Bildung aus 2014 leiden Pflegefachkräfte überproportional häufiger als Arbeitnehmer in anderen Berufsgruppen an Rückenschmerzen und Beschwerden im Schulter-Nacken-Bereich. Dazu kommen Belastungsfaktoren am Arbeitsplatz, wie Lärm oder eine unzureichende Belüftung in Krankenzimmern und Pflegeheimen.[6]

2.2.2 Psychische und soziale Belastung

Zudem führt die Art der Tätigkeiten neben den hohen körperlichen Anstrengungen vor allem auch zu psychischen Belastungen, wie z. B. durch die Konfrontation mit Krankheit und Tod. Im Jahr 2017 betrug der Krankenstand in der Gesundheits- und Krankenpflege rund 7,4 % und war somit höher als der durchschnittliche Krankenstand aller Berufsgruppen, der bei 5,3 % lag.[7]

Die individuelle Qualifikation einer Pflegefachkraft hängt vor allem von deren Bildungsgrad ab, dies gilt insbesondere auch für ausländische Pflegefachkräfte.[8] Die persönlichen Fähigkeiten einer Pflegefachkraft haben wiederum einen erheblichen Einfluss auf die Gesundheit der Person.[9] Der formale Bildungsabschluss einer Person ist mit ihrer Position in der Arbeitswelt verknüpft, wodurch Bezüge zu berufsbezogenen Belastungen und zur Einkommenssituation entstehen. Eine fundierte Ausbildung und kontinuierliche Weiterbildung einer Person haben dabei

---

[5] *Haislah-Lohmann*, Stressreport Deutschland, Psychische Anforderungen, Ressourcen und Befinden, Dortmund 2012, S. 11.

[6] *Breinbauer*, Arbeitsbedingungen und Arbeitsbelastungen in der Pflege, Wiesbaden 2020, S. 19.

[7] Abgerufen unter: https://de.statista.com/statistik/daten/studie/1044984/umfrage/krankenst and-in-pflegenden-berufe-in-deutschland-nach-beruf/ (letzter Zugriff am 31. Januar 2024).

[8] *Drupp/Maier*, Belastungen und Arbeitsbedingungen bei Pflegeberufen – Arbeitsunfähigkeitsdaten und ihre Nutzung im Rahmen eines Betrieblichen Gesundheitsmanagements, in: Jacobs et al. (Hrsg), Pflege-Report 2019, Berlin 2020, S. 26.

[9] *Drupp/Maier*, Belastungen und Arbeitsbedingungen bei Pflegeberufen – Arbeitsunfähigkeitsdaten und ihre Nutzung im Rahmen eines Betrieblichen Gesundheitsmanagements, in: Jacobs et al. (Hrsg), Pflege-Report 2019, Berlin 2020, S. 27.

positive Auswirkungen auf ihren beruflichen Status, ihr Einkommen und ihre gesellschaftliche Anerkennung. Dadurch eröffnen sich mehr Freiräume für eigenständiges Handeln und Gestalten, was wiederum zu einer geringeren Belastung der Gesundheit führt.[10] Weiterhin besteht eine Beziehung zwischen zunehmenden chronischen Erkrankungen und höherem Tabakkonsum, weniger sportlichen Aktivitäten und einer geringeren Inanspruchnahme von Präventionsangeboten wie etwa Vorsorgeuntersuchungen aufgrund der zeitlichen Beanspruchung und Belastung von Pflegefachkräften.[11]

Pflegefachkräfte haben Zweifel an der Sinnhaftigkeit der Fortsetzung ihrer beruflichen Laufbahn aufgrund des ständigen Zeitdrucks, der häufig ungünstigen und unregelmäßigen Arbeitszeiten, der Arbeitsverdichtung, der Konfrontation mit leidvollen Situationen und dem Tod sowie der fehlenden Wertschätzung und Anerkennung für ihre gesellschaftlich hoch bedeutsame Arbeit. Ihre psychischen Belastungen resultieren somit letztlich aus den herausfordernden Arbeitsbedingungen und dem anhaltenden Mangel an Personal.[12]

▷ **Wichtig**
Die wachsende Arbeitsbelastung und demografischen Veränderungen belasten Pflegefachkräfte physisch und psychisch, erhöhen den Krankenstand und hinterlassen Zweifel an der Berufsattraktivität.

2.2.3 Finanzielle Situation

Am 11. Mai 2021 hatte das Statistische Bundesamt eine Pressemitteilung veröffentlicht, in der unter anderem der Bruttomonatsverdienst von in Vollzeit beschäftigten Pflegefachkräften aus dem Jahr 2020 veröffentlicht wurde. Die Verdienste von Vollzeitbeschäftigten, insbesondere von Gesundheits- und Krankenpflegekräften, stiegen im Vergleich zum Jahr 2019 um 32,9 %, während sie bei

---

[10] *Drupp/Maier*, Belastungen und Arbeitsbedingungen bei Pflegeberufen – Arbeitsunfähigkeitsdaten und ihre Nutzung im Rahmen eines Betrieblichen Gesundheitsmanagements, in: Jacobs et al. (Hrsg), Pflege-Report 2019, Berlin 2020, S. 27.

[11] *Drupp/Maier*, Belastungen und Arbeitsbedingungen bei Pflegeberufen – Arbeitsunfähigkeitsdaten und ihre Nutzung im Rahmen eines Betrieblichen Gesundheitsmanagements, in: Jacobs et al. (Hrsg), Pflege-Report 2019, Berlin 2020, S. 27.

[12] *Breinbauer*, Arbeitsbedingungen und Arbeitsbelastungen in der Pflege, Wiesbaden 2020, S. 21.

Fachkräften in Pflegeheimen einen Anstieg von 38,6 % verzeichneten. Schicht-
und Wochenendarbeit sind in der Pflege üblich.

Im Jahr 2020 betrug das durchschnittliche Bruttomonatsgehalt von
Gesundheits- und Krankenpflegekräften 3578 €, während Fachkräfte in Pflegeheimen im Schnitt 3363 € und jene in Altenheimen, einschließlich Altenpflegerinnen
und -pflegern, durchschnittlich 3291 € verdienten.

Trotz des Lohnanstiegs im Jahr 2022 in der Altenpflege verdienen Beschäftigte
dort immer noch rund 700 € pro Monat weniger als ihre Kollegen und Kolleginnen
nen in der Krankenpflege. Das Gesundheitsversorgungsweiterentwicklungsgesetz
(GVWG) von 2021 hat § 72 SGB XI mit dem neuen Abs. 3a dahingehend geändert, dass Pflegeheime und ambulante Pflegedienste, ihre Leistungen mit der
Pflegeversicherung nur dann abrechnen können, wenn sie ihre Pflegefachkräfte
nach Tarif entlohnen.[13]

Im Einzelfall gibt es jedoch deutliche Unterschiede bei der Entlohnung in
der Pflege, die von diversen Faktoren[14] beeinflusst wird. So erzielen Pflegefachkräfte bei öffentlichen oder kirchlichen Unternehmen ein höheres Gehalt
als bei privaten Unternehmen. Es gibt weiterhin große Unterschiede zwischen
den verschiedenen Bundesländern. Im Saarland, in Baden-Württemberg, Bremen
und Bayern liegen die Entgelte über 4000 €. In Nordrhein-Westfalen, Hessen, Berlin, Rheinland-Pfalz, Hamburg und Schleswig–Holstein und betragen die
Entgelte über 3800 € und in Thüringen, Sachsen, Mecklenburg-Vorpommern,
Sachsen-Anhalt und Brandenburg schwanken die Entgelte zwischen 3732 € und
3615 €.[15]

Während der Pandemie erbrachten Pflegefachkräfte in Deutschland eine her-
ausragende Leistung. Sie waren besonders belastet durch die Behandlung von
COVID-19-Patientinnen und Patienten, erhöhte Hygienemaßnahmen, ein erhöh-
tes Risiko einer eigenen Infektion und den erhöhten Betreuungsaufwand von
COVID-19-Infizierten. Die Bundesregierung hatte ihre Dankbarkeit für den Einsatz in den Krankenhäusern und Pflegeeinrichtungen betont, da die Situation
im Gesundheitssystem und im Pflegebereich äußerst schwierig war. Auf der
Grundlage des Pflegebonusgesetzes wurden im Bereich der Krankenhäuser und

---

[13] Abgerufen unter: https://www.bundesgesundheitsministerium.de/presse/pressemitteilun
gen/tarifliche-bezahlung-in-der-altenpflege-verpflichtend (letzter Zugriff am 31. Januar
2024).

[14] Abgerufen unter: https://www.praktischarzt.de/medizinische-berufe/altenpfleger-gehalt/
(letzter Zugriff am 31. Januar 2024).

[15] Abgerufen unter: https://web.arbeitsagentur.de/entgeltatlas/beruf/132172 (letzter Zugriff
am: 31. Januar 2024).

Pflegeeinrichtungen jeweils 500 Mio. EUR für den Pflegebonus bereitgestellt, insgesamt also eine Milliarde Euro.

▷ **Hinweis**

Pflegeheime und ambulante Pflegedienste mussten ab dem 1. September 2022 gemäß dem Gesundheitsversorgungsweiterentwicklungsgesetz ihre Mitarbeiter in den Bereichen Pflege und Betreuung tariflich entlohnen, wenn sie mit der Pflegeversicherung abrechnen wollen.

Staatliche Maßnahmen zur Rekrutierung von ausländischen Pflegefachkräften

Dem Pflegenotstand, der einer der Ursachen für die Belastungen im Pflegebereich und des Personals ist, soll unter anderem durch die Anwerbung von Pflegefachkräften aus Drittstaaten begegnet werden. Die staatlichen Maßnahmen zur Rekrutierung von ausländischen Pflegefachkräften können in verschiedene Instrumente, insbesondere in rechtliche Maßnahmen, Rekrutierungsprogramme und Kooperationsvereinbarungen, unterteilt werden.

3.1 Pflegepersonal-Stärkungsgesetz

Im Jahr 2018 hat der Bundesgesetzgeber das Pflegepersonal-Stärkungsgesetz (PpSG) verabschiedet. Das Gesetz, das am 1. Januar 2019 in Kraft trat, umfasst eine Vielzahl von Maßnahmen, die darauf abzielen, den aktuellen Personalmangel im Gesundheitswesen zu beheben. Bei dem PpSG handelt es sich um ein Artikelgesetz, mit dem mehrere bestehende Gesetze wie z. B. das Krankenhausfinanzierungsgesetz (KHG) und das Krankenhausentgeltgesetz (KHEntgG) geändert werden.

Im Jahr 2019 wurden die Pflegestellen und die Vergütung für Pflegefachkräfte gemäß § 17b Abs. 4 KHG, § 6a KHEntgG aus den Fallpauschalen herausgenommen und stattdessen auf eine krankenhausindividuelle Vergütung

D. M. Hradecky und G. G. Sander, *Internationale Pflegefachkräfte für kommunale Krankenhäuser gewinnen*, essentials, https://doi.org/10.1007/978-3-658-44618-5_3

umgestellt.[1] Diese erfolgt seit 2020 durch die Zusammenführung von Fallpauschalen und einer Vergütung für Pflegepersonalkosten, auch bekannt als Pflegebudget. Die Selbstverwaltungspartner (z. B. KBV, GKV-Spitzenverband, DKG, GBA, KZBV)[2] sind verpflichtet, die Fallpauschalen ohne Pflegekostenanteile in der unmittelbaren Patientenversorgung auszuweisen. Dabei werden tagesbezogene Bewertungsrelationen für einen Pflegeerlöskatalog auf Basis der separierten Pflegepersonalkosten berechnet und in den Fallpauschalen-Katalog integriert. Das zu vereinbarende Pflegebudget berücksichtigt krankenhausindividuelle Pflegepersonalkosten auf bettenführenden Stationen. Die Ermittlung basiert auf geplanten und nachgewiesenen Pflegepersonalausstattungen sowie den krankenhausindividuellen Kosten. Bis zur ersten Vereinbarung eines individuellen Pflegebudgets mit einem krankenhausindividuellen Pflegeentgeltwert galt ein vorläufiger, gesetzlich festgelegter, Pflegeentgeltwert. Der Pflegeerlös für die Aufenthaltsdauer ergibt sich durch die Multiplikation des Pflegeentgeltwerts mit der maßgeblichen Pflegeerlös-Bewertungsrelation und den Berechnungstagen.

Die DRG-Kalkulation und die Berechnung der Pflegepersonalkosten am Bett basieren auf tatsächlichen Leistungsdaten aller Krankenhäuser und zusätzlich auf Kostendaten einer Stichprobe von Krankenhäusern. Der DRG-Katalog 2023 wurde mit Daten von 225 Krankenhäusern (14 Universitätskliniken) und etwa 3,6 Mio. Fällen erstellt. Der Katalog für 2023 umfasst 1292 Fallpauschalen und 228 Zusatzentgelte, vorwiegend für kostenintensive Medikamente und Medizinprodukte, die zusätzlich zu den Fallpauschalen abgerechnet werden können. Die Pflegepersonalkosten fließen seit 2020 in den separaten Pflegeerlös-Katalog ein, und pro Krankenhausaufenthalt kann nur eine DRG mit entsprechendem Pflegeerlös abgerechnet werden.[3]

Ferner regelt § 17a Abs. 1 KHG[4] die Finanzierung der Ausbildungskosten für das Krankenhauspersonal. Die Ausbildungskosten, einschließlich Ausbildungsvergütungen und Mehrkosten des Krankenhauses, werden durch Zuschläge finanziert. Es werden Rahmenvereinbarungen auf Bundesebene und ergänzende Vereinbarungen auf Landesebene getroffen, um eine sachgerechte

---

[1] *Stollmann/Wollschläger,* Die Regelungen für den Krankenhausbereich im Pflegepersonal-Stärkungsgesetz. In: Laufs/Kern/Rehborn (Hrsg) Handbuch des Arztrechts, 5. Aufl. 2019, § 79 Rdnr. 35a.

[2] Kassenärztliche Bundesvereinigung (KBV), Spitzenverband Bund der Krankenkassen (GKV-Spitzenverband), Deutsche Krankenhausgesellschaft e. V. (DKG), Gemeinsamer Bundesausschuss (GBA), Kassenzahnärztliche Bundesvereinigung (KZBV).

[3] Abgerufen unter: https://www.bundesgesundheitsministerium.de/service/begriffe-von-a-z/f/fallpauschalen (letzter Zugriff am 31. Januar 2024).

[4] § 17a KHG ist seit dem 29. Dezember 2022 in Kraft.

Finanzierung sicherzustellen. Ausbildende Krankenhäuser vereinbaren individuelle Ausbildungsbudgets, die die Ausbildungskosten decken sollen. Es gibt einen Ausgleichsfonds, der ausbildende Krankenhäuser unterstützt, um Wettbewerbsverzerrungen zu vermeiden. Das Ausbildungsbudget muss zweckgebunden für die Ausbildung verwendet werden und es gibt Regelungen für die Berichterstattung und Genehmigung. Falls keine Einigung erzielt wird, kann eine Schiedsstelle entscheiden. Es gibt auch Regelungen für die Unterbringung von Auszubildenden und spezielle Bestimmungen für ausbildende Krankenhäuser unter der Bundespflegesatzverordnung.

Außerdem wurden Pflegepersonaluntergrenzen eingeführt, um die pflegerische Versorgung in Krankenhäusern zu verbessern. Dies wird nach § 137i Abs. 1 SGB V mit gesetzlichen Verpflichtungen der Selbstverwaltungspartner geregelt. Letztere sind gemäß § 137i Abs. 1 SGB V der Spitzenverband Bund der Krankenkassen und die Deutsche Krankenhausgesellschaft. Um im gesamten Krankenhaus eine gute Pflege und die Sicherheit der Patienten zu gewährleisten, werden die Personaluntergrenzen für pflegesensitive Krankenhausbereiche durch den „Pflegepersonalquotienten" begleitet. Um dies zu erreichen, muss gemäß § 137j SGB V das Verhältnis zwischen dem eingesetzten Pflegepersonal und dem individuellen Pflegeaufwand eines Krankenhauses bestimmt werden. Der Pflegepersonalquotient zeigt, ob eine Klinik gemessen an ihrem Pflegeaufwand viel oder wenig Pflegefachkräfte einsetzt. Das Ziel ist es, eine zumindest minimal notwendige Anzahl an Pflegefachkräften in einer Einrichtung zu erreichen. Dieses Tool soll somit Informationen über die Personalausstattung und Arbeitsbelastung im gesamten Krankenhaus liefern, indem es das Verhältnis der Pflegefachkräfte zum zu leistenden Pflegeaufwand ermittelt.

Nach der Verabschiedung des PpSG im Dezember 2018 wurde die Förderung durch den Strukturfonds von 2019 bis 2022 mit einem jährlichen Budget von 500 Mio. EUR fortgesetzt. Mit der Einführung des Krankenhauszukunftsgesetzes (KHZG) im Oktober 2020 wurden Änderungen am Krankenhausfinanzierungsgesetz (KHG) vorgenommen. Diese ermöglichen den Bundesländern die Bereitstellung von Fördermitteln in Höhe von etwa zwei Milliarden Euro aus der Liquiditätsreserve des Gesundheitsfonds für Projekte des Krankenhausstrukturfonds bis zum 31. Dezember 2024. Die bisherigen Förderkategorien „Schließung", „Konzentration" und „Umwandlung" wurden präzisiert und teilweise neugestaltet. Zusätzlich wird die Förderung auf Bereiche wie IT-Sicherheit,

Vernetzung, Zentrenbildung, (integrierte) Notfallversorgung und Ausbildung in der pflegerischen Versorgung ausgerichtet.[5]

Die Änderungen, die mit dem PpSG im Krankenhausentgeltgesetz (KHEntgG) eingeführt wurden, sollen zusammen mit dem Krankenhausstrukturgesetz (KHSG) die Pflege in Krankenhäusern verbessern. Das KHEntgG regelt die Vergütung der Krankenhausleistungen und legt unter anderem fest, dass die Pflegepersonalkosten angemessen berücksichtigt werden müssen. Es stellt sicher, dass ausreichende finanzielle Mittel für die Pflege zur Verfügung stehen. Das KHSG wurde eingeführt, um die Strukturen und Abläufe in Krankenhäusern zu verbessern. Es enthält verschiedene Maßnahmen zur Förderung der Qualität und Sicherheit der Patientenversorgung, einschließlich der Stärkung des Pflegepersonals. Es beinhaltet Maßnahmen wie die Einführung von Mindestpersonalvorgaben und finanzielle Anreize für die Schaffung zusätzlicher Pflegestellen. Insgesamt ergänzen sich diese Gesetze und tragen gemeinsam dazu bei, die Pflege in Krankenhäusern zu fördern und zu verbessern. Mit dem PpSG wurde ein neuer § 4 Abs. 8a KHEntgG eingefügt, der ermöglicht, Maßnahmen zur Verbesserung der Vereinbarkeit von Pflege, Familie und Beruf mit der Personalvertretung zu vereinbaren und die erforderlichen Aufwendungen hälftig aus Mitteln der Kostenträger zu refinanzieren.[6] Das bedeutet, dass die Kosten für die Maßnahmen zur Verbesserung der Vereinbarkeit von Pflege, Familie und Beruf zwischen dem Krankenhaus und den Krankenkassen geteilt werden.

3.2   Pflegepersonalstellen-Förderprogramm nach § 4 Abs. 8a KHEntgG

Das Pflegepersonalstellen-Förderprogramm sieht vor, dass ein Förderprogramm für Pflegestellen über einen Zeitraum von sechs Jahren (2019–2024) durchgeführt wird. Hierdurch findet eine Fortsetzung früherer Förderprogramme statt. Das Förderprogramm wurde im Rahmen des PpSG vom 11. Dezember 2018 eingeführt und bezieht sich nicht nur auf Pflegefachkräfte, sondern auch auf Hebammen und Entbindungspfleger. Um qualifiziertes Pflegepersonal zu rekrutieren, haben Krankenhäuser in Zusammenarbeit mit der Personalvertretung die Möglichkeit,

---

[5] Abgerufen unter: https://www.bundesamtsozialesicherung.de/de/themen/innovationsf onds-und-krankenhausstrukturfonds/krankenhausstrukturfonds/ (letzter Zugriff am 31. Januar 2024).

[6] *Starzer* In: Spickhoff (Hrsg), Medizinrecht. Kommentar, 4. Aufl., München 2022, KHEntgG § 4 Rdnr. 10.

Maßnahmen gemäß § 4 Abs. 8a KHEntgG zur Förderung der Vereinbarkeit von Pflege, Familie und Beruf einzuführen.[7]

Diese Maßnahmen können beispielsweise mitarbeiterorientierte Arbeitszeitmodelle oder die Förderung von individuellen oder gemeinschaftlichen Betreuungsangeboten umfassen, die den Anforderungen von Schicht-, Wochenend- und Feiertagsarbeit gerecht werden.[8] Die Umsetzung der Förderung erfolgt, indem die Vertragsparteien auf Ortsebene gemäß § 11 KHEntgG auf Verlangen des Krankenhauses jährlich einen zusätzlichen maximalen Betrag von 0,1 % (im Jahr 2019) bzw. 0,12 % (ab Jahr 2020) des Gesamtbetrags (§ 4 Abs. 3 Satz 1 KHEntgG) vereinbaren. Der dem Krankenhausträger danach zustehende Betrag wird nicht als Ganzes ausbezahlt, sondern über einen Zuschlag in der Krankenhausrechnung (§ 4 Abs. 8a Satz 5 KHEntgG) abgerechnet.

Eine Voraussetzung für die Förderung ist, dass das Krankenhaus tatsächlich entsprechende Maßnahmen ergreift und hierüber eine schriftliche Vereinbarung mit der Arbeitnehmervertretung abschließt. Die Vorschrift regelt zudem die Nachweispflichten der Krankenhausträger bezüglich der Mittelverwendung (§ 4 Abs. 8a Satz 6 KHEntgG).[9] Auf der Grundlage dieses Nachweises ist über die Rückzahlung oder Minderung von nicht zweckentsprechend verwendeten Mitteln zu entscheiden.[10]

> ▶ **Wichtig**
> Die angemessene Berücksichtigung der Pflegepersonalkosten gemäß § 17b Abs. 4 KHG und § 6a KHEntgG sowie die Implementierung von Pflegepersonaluntergrenzen nach § 137i Abs. 1 SGB V sind wesentliche Schritte staatlicher Intervention zur Verbesserung der Pflegesituation in Krankenhäusern.

3.3 Maßnahmen des Bundesgesundheitsministerium

Das Ziel der Maßnahmen des Bundesgesundheitsministeriums (BMG) ist es, Krankenhäuser und andere Einrichtungen des Gesundheitswesens zu unterstützen, die keine verfügbaren Stellen im Inland besetzen können, indem sie

---

[7] BT-Drs. 19/4453, 42.

[8] BT-Drs. 19/4453, 83.

[9] *Starzer* In: Spickhoff (Hrsg), Medizinrecht. Kommentar, 4. Aufl., München 2022, KHEntgG § 4 Rdnr. 10.

[10] BT-Drs. 19/4453, 83.

die erforderlichen Pflegefachkräfte im Ausland selbst, oder durch die Teilnahme privater Personalvermittlungsagenturen unter den speziellen Bedingungen des Förderprogramms gewinnen können. Dabei soll sichergestellt werden, dass Auslandsanwerbungen effektiv und von hoher Qualität sind.

3.3.1 Programm „Faire Anwerbung Pflege Deutschland"

Im Rahmen des Programms „Faire Anwerbung Pflege Deutschland" ist das BMG für die Verbesserung der Bedingungen für eine ethisch hochwertige und beschleunigte Anwerbung von Pflegefachkräften in Drittstaaten verantwortlich. Angesichts des Fachkräftemangels ist es für Gesundheitseinrichtungen, Rehabilitationseinrichtungen und Pflegeeinrichtungen eine zunehmend bedeutende Möglichkeit, zusätzliche Pflegefachkräfte aus Drittstaaten zu gewinnen, um die pflegerische Versorgung sicherzustellen. Die Gewährleistung der erforderlichen medizinischen und pflegerischen Versorgung hat Verfassungsrang. Den Staat trifft aus Art. 2 Abs. 2 Satz 1 GG eine Schutzpflicht in Bezug auf Leben und körperliche Unversehrtheit. Insbesondere ergibt sich auch ein „Recht auf ein gesundheitliches Existenzminimum" aus Art. 2 Abs. 2 Satz 1 i. V. m. der Gewährleistung eines menschenwürdigen Existenzminimums aus Art. 1 Abs. 1 GG und dem Sozialstaatsprinzip in Art. 20 Abs. 1 GG. Aus den Verfassungsnormen kann auf diese Weise ein Verfassungsgut der „Volksgesundheit" abgeleitet werden.[11]

Das Programm gewährleistet durch spezielle Anforderungen eine qualitätsgesicherte Anwerbung. Es zielt darauf ab, die Verfahren sowohl im Inland als auch im Ausland zu beschleunigen, einschließlich der Einreise, beruflichen Anerkennung und Erteilung von Arbeits- und Aufenthaltserlaubnissen. Der Schutz der Pflegefachkräfte, ihre berufliche, fachliche und soziale Integration sowie die Transparenz und Verlässlichkeit für die teilnehmenden Krankenhäuser und Pflegeeinrichtungen durch die Anwendung eines Gütesiegels sind ebenfalls wesentliche Bestandteile. Insbesondere werden die Bestimmungen des „Globalen Verhaltenskodex der Weltgesundheitsorganisation (WHO)[12] für die internationale Einstellung von Gesundheitskräften" befolgt.

---

[11] *Reimer,* Das Recht auf Gesundheit, eine rechtsvergleichende Perspektive, in: Diez Parra (Hrsg), Bibliothek für Vergleichendes Recht, Straßburg 2021, S. 5.

[12] Abgerufen unter: https://www.who.int/publications/i/item/wha68.32 (letzter Zugriff am 31. Januar 2023).

Das Programm zielt ausschließlich darauf ab, Pflegefachkräfte zu gewinnen, deren Ausbildungs- und Herkunftsland mindestens 3500 km von den Außengrenzen Deutschlands entfernt ist. Herkunftsland der Pflegefachkräfte ist jenes Land, in dem sie zu diesem Zeitpunkt ihren gewöhnlichen Aufenthalt haben. Die Grundlage für die Grenzziehung für Entfernungen über 3500 km findet sich in der Fluggastrechte-Verordnung (EG) Nr. 261/2004[13] für Langstreckenflüge. Diese Eingrenzung ergibt sich aus der Tatsache, dass das Potenzial an Pflegefachkräften auf dem asiatischen und südamerikanischen Kontinent wesentlich größer ist als auf dem europäischen Kontinent und in den angrenzenden Staaten. Die im Vergleich zu europäischen Staaten durchschnittlich jüngere Bevölkerung dieser Kontinente bietet deutlich mehr Potenzial für erfolgreiche Anwerbungen. In den letzten Jahren hat die Statistik der Anerkennungsverfahren von ausländischen pflegerischen Berufsqualifikationen gezeigt, dass die Mehrheit der Pflegefachkräfte, die zuwandern möchten, bislang aus den Westbalkanstaaten kommt. Dies verdeutlicht einerseits, dass bereits gute Anwerbestrukturen etabliert sind. Andererseits wird jedoch das Potenzial an Pflegefachkräften, die abgeworben werden können, ohne negative Auswirkungen auf die Gesundheitssysteme ihrer Herkunftsländer zu bewirken, in absehbarer Zeit erschöpft sein. Für diese Staaten ist es daher geboten, eine weitere Sogwirkung zu vermeiden.[14]

3.3.2 Fachkräftesicherung durch Zuwanderung

Mit dem Programm „Triple Win" der Bundesagentur für Arbeit wird das Ziel verfolgt, ein Gewinn für die Arbeitgeber, die ausländischen Pflegefachkräfte und ihre Herkunftsländer zu sein. Mit dem Programm sollen Pflegefachkräfte aus Drittstaaten langfristig für die deutsche Gesundheits- und Pflegebranche gewonnen werden. Um den Ausgangsvoraussetzungen in den jeweiligen Herkunftsländern und den Anforderungen deutscher Arbeitgeber bestmöglich gerecht zu werden, werden zwei Ansätze verfolgt. Es werden bereits ausgebildete Pflegefachkräfte aus Bosnien-Herzegowina, den Philippinen und Tunesien vermittelt, die dann noch eine Anerkennungsqualifizierung in Deutschland durchlaufen müssen. Aus Vietnam werden junge Menschen mit Vorerfahrungen in der Pflege für

---

[13] ABl. EU 2004 Nr. L 146, S. 1.

[14] BMG-Richtlinie zur Förderung von Vorhaben zur ethisch hochwertigen Gewinnung von Pflegefachkräften in weit entfernten Drittstaaten im Rahmen des Programms „Faire Anwerbung Pflege Deutschland" vom 23. Juni 2021, zuletzt geändert am 10. November 2021.

eine dreijährige generalistische Pflegeausbildung und spätere Weiterbeschäftigung ausgewählt.

Mit Triple Win ist dreimaliger Gewinn für drei Parteien gemeint. Erstens profitieren die Arbeitgeber von Pflegefachkräften, die sprachlich und fachlich kompetent sind. Arbeitgeber in Deutschland erhalten Unterstützung von Triple Win bei der Auswahl, Anerkennung und Integration der Pflegefachkräfte. Die Unternehmen ziehen daraus Vorteile, indem sie die Möglichkeit erhalten, unbesetzte Stellen mit qualifizierten Mitarbeitern zu besetzen. Zweitens erhalten die ausländischen Pflegefachkräfte sowohl eine berufliche als auch eine persönliche Perspektive. Durch eine transparente und faire Vermittlungsmethode werden negative Auswirkungen wie Lohndumping und Verschuldung der Pflegefachkräfte verhindert. Drittens ziehen die Herkunftsländer Vorteile aus einer Entlastung ihres Arbeitsmarktes. Die Bundesagentur für Arbeit hält sich an den Verhaltenskodex der WHO zur internationalen Rekrutierung von Gesundheitsfachpersonal und stimmen der Beschäftigung einer Pflegefachkräfte nur zu, die aus Staaten mit Fachkräfteüberschuss stammen. Dadurch soll verhindert werden, dass durch die Einwanderung von Pflegefachkräften nach Deutschland ein Mangel an Fachkräften in den Partnerländern entsteht.

3.3.3 Die Deutsche Gesellschaft für Internationale Zusammenarbeit

Die Deutsche Gesellschaft für Internationale Zusammenarbeit (GIZ) hilft den Bewerbern nach ihrer Aufnahme in das Projekt „Triple Win Pflegefachkräfte" vor allem bei der Vorbereitung auf das Leben und Arbeiten in Deutschland. Zu dieser Unterstützung gehören Sprachkurse bis zum Fortgeschrittenen-Niveau sowie ein viertägiger Pflegefachkurs. Außerdem hilft das GIZ bei der Anerkennung der beruflichen Qualifikationen, die im Ursprungsland erworben wurden. Nachdem die Fachkräfte in Deutschland angekommen sind, werden sie von der GIZ begleitet und bei Behördengängen unterstützt. Außerdem werden die Mitarbeiter der Krankenhäuser und weiterer Einrichtungen durch ein Integrationstraining auf die neuen Mitarbeiter vorbereitet.[15] Während des ersten Jahres haben sowohl Arbeitgeber als auch Pflegefachkräfte die Möglichkeit, eine kostenlose Hotline zu kontaktieren.

---

[15] Abgerufen unter: https://www.giz.de/de/mit_der_giz_arbeiten/11666.html (letzter Zugriff am 31. Januar 2024).

▶ **Tipp**

Es wird empfohlen, vor der Beauftragung privater Vermittlungsunternehmen gründliche Recherchen zu den Maßnahmen des BMG durchzuführen, um gut informiert zu sein und eine effektive sowie qualitativ hochwertige Auslandsanwerbung sicherzustellen.

Maßnahmen der kommunalen Krankenhäuser

4

In ihren Bemühungen, den Bedarf an Pflegefachkräften zu decken, ergreifen kommunale Krankenhäuser sowohl auf lokaler als auch auf internationaler Ebene vielfältige Maßnahmen. Die Rekrutierung inländischer Pflegefachkräfte steht im Fokus, wobei Initiativen auf Beratungsstellen, lokale Netzwerke und Reformprojekte ausgerichtet sind. Parallel dazu setzen Krankenhäuser auf verschiedene Ansätze, um ausländische Pflegefachkräfte zu gewinnen, wobei die Zusammenarbeit mit privaten Vermittlungsagenturen und der Einsatz von deutschen Lehrkräften eine Rolle spielen. Der vorliegende Abschnitt beleuchtet die unterschiedlichen Strategien, Herausforderungen und Ergebnisse dieser Maßnahmen auf lokaler und internationaler Ebene.

4.1 Maßnahmen kommunaler Krankenhäuser zur Rekrutierung inländischer Pflegefachkräfte

Im Kontext der Sicherung des Pflegefachkräftebedarfs zeigen sich auf lokaler Ebene eigenständige Maßnahmen der Kommunen, die in zwei Hauptbereiche unterteilt werden können: die Sicherung des lokalen Pflegefachkräftebedarfs und die Umsetzung der Pflegeberufereform.

Im Bereich der Sicherung des lokalen Pflegefachkräftebedarfs konzentrieren sich die Aktivitäten auf Beratungsstellen, die den Berufseintritt in die Pflege fördern sollen. Diese Beratungen werden durch das Bundesamt für Familie und zivilgesellschaftliche Aufgaben unterstützt und erstrecken sich auf Schulen und Messen. Lokale Netzwerke werden ebenfalls verstärkt genutzt, um den

D. M. Hradecky und G. G. Sander, *Internationale Pflegefachkräfte für kommunale Krankenhäuser gewinnen*, essentials, https://doi.org/10.1007/978-3-658-44618-5_4

regionalen Pflegefachkräftebedarf zu decken, wobei Pflegeeinrichtungen, Pflegeschulen, Jobcenter und Wirtschaftsförderer kooperieren. Exemplarisch sind zeitlich begrenzte kommunale Projekte wie ‚Perspektive Pflege!‘ und ‚Perspektive Pflegeausbildung!‘ genannt, die eine enge Kooperation und aktive Beteiligung der Kommunen verdeutlichen. Im Rahmen dieser Projekte werden Umfragen zum Fachkräftemangel durchgeführt, und in Zusammenarbeit mit Universitäten werden die Bedingungen in lokalen Einrichtungen analysiert. Die Ergebnisse werden öffentlich zurückgemeldet, und die Projekte setzen auf eine umfassende Vernetzung mit lokalen Akteuren. Die Zusammenarbeit mit dem Jobcenter, der Koordinierungsstelle ‚Frauen & Wirtschaft‘ und die Beteiligung an verschiedenen Aktivitäten, wie Jobmessen oder dem ‚Markt der Möglichkeiten‘, zielen darauf ab, die Erwerbs- und Ausbildungsmöglichkeiten in der Pflege vor Ort zu präsentieren, insbesondere unter Einbeziehung von Migranten. Ein weiterer Schwerpunkt liegt auf der Umsetzung der Pflegeberufereform auf lokaler Ebene. Die Einführung der generalistischen Pflegeausbildung erfordert eine enge Zusammenarbeit zwischen Pflegeschulen und Einrichtungen sowie die Gewinnung von Ausbildungsplätzen in verschiedenen Versorgungsbereichen. In einigen Regionen werden Ausbildungsverbünde gebildet, die die Koordinierung der Praxiseinsätze in verschiedenen Versorgungsbereichen übernehmen.[1]

4.2 Maßnahmen kommunaler Krankenhäuser zur Rekrutierung ausländischer Pflegefachkräfte

Kliniken bemühen sich ebenfalls darum, Pflegefachkräfte aus dem Ausland zu rekrutieren. Es gibt verschiedene Ansätze zur Einstellung einer internationalen Pflegefachfrau oder eines Pflegefachmanns. Die kommunalen Krankenhäuser entscheiden sich häufig dafür, fehlende Pflegefachkräfte durch ausländische Pflegefachkräfte zu füllen. Dazu nutzen sie die Unterstützung der Bundesagentur für Arbeit, von privaten und staatlichen Vermittlungsagenturen, die Direktsuche, die Kontakte ihrer Mitarbeiter, soziale Medien und die Teilnahme an internationalen Rekrutierungsmessen.

Nach einer qualitativen Umfrage in Baden-Württemberg[2] unter drei Führungskräften im Gesundheits- und Pflegebereich wurden die meisten ausländischen

---

[1] *Theobald,* Zur Situation der Pflegefachkräfte in Deutschland. In Waldenberger et al. (Hrsg), Alterung und Pflege als kommunale Aufgabe. Wiesbaden 2022, S. 170, 172.

[2] Befragung von zwei Mitarbeitern der Akademie der Kreiskliniken Reutlingen GmbH am 5. Juli 2023 und einer Pflegedirektorin einer Klinik mit Pflegeschule in Baden-Württemberg am 6. Juli 2023.

Pflegefachkräfte von privaten Personalvermittlungsunternehmen eingestellt. Kliniken erhalten zudem über ihre Websites individuelle Initiativbewerbungen aus dem Ausland. Die Erlaubnispflicht für private Arbeitsvermittler wurde am 27. März 2002 aufgehoben. Seitdem reicht es für Personalvermittler aus, die gewerbliche Tätigkeit nach § 14 GewO beim zuständigen Gewerbeamt anzuzeigen. Gemäß § 35 GewO muss der private Arbeitsvermittler zuverlässig sein, ansonsten ist die Gewerbeausübung zu untersagen. Das Verhalten des Gewerbetreibenden muss also derart sein, dass zu erwarten ist, dass er zukünftig sein Gewerbe ordnungsgemäß ausüben wird.

Es ist schwierig, die vielen Angebote, einschließlich der Projekte der Bundesagentur für Arbeit, zu vergleichen. Da kommunale Kliniken und Pflegeeinrichtungen derzeit keine finanzielle Unterstützung für die Einstellung von Fachkräften aus dem Ausland erhalten – außer in Bayern, wo dies in die Pflegesatzverhandlungen einbezogen werden kann – entscheiden sie sich oft für ein vermeintlich günstigeres Angebot eines Personalvermittlers.[3]

Der Verfahrensablauf stellt sich folgendermaßen dar: Zunächst empfehlen die Personalvermittler Kandidaten, mit denen die Pflegedirektionen Vorstellungsgespräche online durchführen. Die ausgewählten Bewerber erhalten einen Vorvertrag und die Personalvermittlungsagenturen übernehmen das Antragsverfahren. Manche kommunalen Krankenhäuser haben einen Integrationsmitarbeiter, der Pflegefachkräfte aus dem Ausland betreut. Zusätzlich beschäftigen einige Krankenhäuser auch deutsche Lehrkräfte, um den ausländischen Pflegefachkräften zusätzliche Unterstützung zu geben und somit die Kosten für externe, oft private Sprachkurse zu reduzieren.

▶ **Tipp**
Erfahrungsaustausch mit anderen Krankenhäusern ermöglicht eine vielseitige Perspektive, während fundierte Entscheidungen auf spezifischer Recherche basieren sollten, die auf die individuelle Situation des kommunalen Krankenhauses zugeschnitten ist.

---

[3] *Ostermann*, International: Pflegende aus Drittstaaten rekrutieren. *Pflegezeitschrift* 04/2020, S. 15.

Die rechtlichen Maßnahmen zur Rekrutierung von ausländischen Pflegefachkräften

5

In Folgenden werden die rechtlichen Rahmenbedingungen einschließlich der einschlägigen EU-Richtlinien bezüglich der internationalen Rekrutierung dargestellt. Die Rahmenbedingungen hängen aufgrund der Einreise- und Aufenthaltsbestimmungen jeweils vom Herkunftsstaat ab und können in drei Kategorien unterschieden werden. Erstens handelt es sich um Pflegefachkräfte aus Drittstaaten, die zum Bewerbungszeitpunkt in ihrem Herkunftsland leben. Zweitens, Pflegefachkräfte aus Drittstaaten, die bereits in Deutschland leben (und arbeiten) und drittens, Fachkräfte aus Staaten der Europäischen Union (EU) und des übrigen Europäischen Wirtschaftsraums (EWR). Die letzte Kategorie nimmt an der Arbeitnehmerfreizügigkeit im EU-Binnenmarkt teil und wird hier aufgrund ihrer rechtlichen Sonderstellung nicht näher behandelt.

5.1 Das Fachkräfteeinwanderungsgesetz

Das am 1. März 2020 in Kraft getretene Fachkräfteeinwanderungsgesetz (FEG) stellt eine Überarbeitung insbesondere des Aufenthaltsgesetzes (AufenthG), aber auch weiterer Gesetze dar und bietet Pflegefachkräften künftig bestimmte Erleichterungen. Anlass des Gesetzes ist auch die Umsetzung verschiedener EU-Richtlinien in das deutsche Recht.[1]

---

[1] Richtlinie 2009/50/EG über die Bedingungen für die Einreise und den Aufenthalt von Drittstaatsangehörigen zur Ausübung einer hochqualifizierten Beschäftigung, Richtlinie 2014/36/EU über die Bedingungen für die Einreise und den Aufenthalt von Drittstaatsangehörigen

© Der/die Autor(en), exklusiv lizenziert an Springer Fachmedien Wiesbaden GmbH, ein Teil von Springer Nature 2024
D. M. Hradecky und G. G. Sander, *Internationale Pflegefachkräfte für kommunale Krankenhäuser gewinnen*, essentials,
https://doi.org/10.1007/978-3-658-44618-5_5

Im Rahmen des FEG wurden § 18 AufenthG und die einzelnen Vorschriften zur Beschäftigungsmigration in §§ 18a-20 vollständig überarbeitet. Auf dem
Gebiet der Beschäftigungsmigration hat das FEG das Ziel, die Zuwanderung von
Fachkräften gezielt zu steuern und nachhaltig zu verbreitern, um die Fachkräftebasis in Deutschland zu stärken. Das Motiv für die Reform bestand darin, dass der
Mangel an qualifizierten Arbeitskräften in der Gesundheits- und Pflegebranche, in
den MINT-Berufen und im Handwerk ein Risiko für die deutsche Wirtschaft dar-
stellt und durch den demografischen Wandel diese Entwicklung noch verschärft
werden wird.[2]

5.2 Aufenthaltsgesetz und Anerkennung ausländischer Berufsqualifikationen nach § 16d AufenthG

Zweck des Aufenthaltsgesetzes ist die Lenkung und Beschränkung der Einwanderung von Ausländern nach Deutschland. Dabei berücksichtigt es die Aufnahme-
und Integrationsfähigkeit sowie die wirtschaftlichen und arbeitsmarktpolitischen
Interessen des Landes. Das Gesetz erfüllt zugleich humanitäre Verpflichtungen.
Es regelt Einreise, Aufenthalt, Erwerbstätigkeit und Integration von Ausländern,
ohne bestehende Regelungen in anderen Gesetzen zu beeinträchtigen.
    Im Rahmen des Anerkennungsverfahrens können Ausländern gemäß § 16d
Abs. 4 Nr. 1 eine Aufenthaltserlaubnis zur Durchführung des Anerkennungsverfahrens für ein Jahr erteilt werden, die bis zu drei Jahren verlängerbar ist.
Diese Erlaubnis wird erteilt, wenn sie durch eine Absprache zwischen der Bundesagentur für Arbeit und der Arbeitsverwaltung ausgewählter Herkunftsländer
im Bereich reglementierter Berufe im Gesundheits- und Pflegebereich vermittelt
wird. Die Erlaubnis gestattet eine zeitlich begrenzte Beschäftigung von maximal
zehn Stunden pro Woche, unabhängig von der anzuerkennenden Berufsqualifikation. Ferner kann eine Aufenthaltserlaubnis gemäß Absatz 5 für die Teilnahme

---

zwecks Beschäftigung als Saisonarbeitnehmer, Richtlinie2014/66/EU über die Bedingungen
für die Einreise und den Aufenthalt von Drittstaatsangehörigen im Rahmen eines unterneh-
mensinternen Transfers, Richtlinie 2016/801/EU über die Bedingungen für die Einreise und
den Aufenthalt von Drittstaatsangehörigen zu Forschungs- oder Studienzwecken, zur Absolvierung eines Praktikums, zur Teilnahme an einem Freiwilligendienst, Schüleraustauschpro-
grammen oder Bildungsvorhaben und zur Ausübung einer Au-pair-Tätigkeit.
[2] *Hocks/Leuschner* In: Hofmann (Hrsg) Ausländerrecht. Kommentar. 3. Aufl., München
2023, AufenthG § 18 Rdnr. 2.

an Prüfungen zur Anerkennung ausländischer Berufsqualifikationen erteilt werden, sofern der Antragsteller über ausreichende Deutschkenntnisse gemäß den Prüfungsanforderungen verfügt.[3]

Für Staatsangehörige von Ländern außerhalb der EU, des EWR-Raums und der Schweiz ist die Erlangung eines Aufenthaltstitels erforderlich, um in Deutschland als Pflegefachkraft tätig zu sein. Nach Abschluss des Anerkennungsverfahrens bezüglich ihrer beruflichen Qualifikation stehen ausländischen Pflegefachkräften zwei Optionen offen. Zum einen können Pflegefachkräfte, deren ausländische Berufsqualifikation vollständig anerkannt wurde und die von der deutschen Behörde eine Berufszulassung erhalten haben, ggf. ein Visum und eine Aufenthaltserlaubnis nach § 18a AufenthG beantragen. Die Gewährung des Visums erfordert in diesem Fall neben der vollen Anerkennung und Berufszulassung auch den Nachweis einer konkreten Anstellung als Pflegefachkraft in Deutschland.

Zum andern soll für den Fall, dass noch die Durchführung und das Bestehen einer Qualifizierungsmaßnahme erforderlich sind, um eine Anerkennung des im Ausland erworbenen Berufsabschlusses zu erreichen, eine Aufenthaltserlaubnis nach § 16d Abs. 1 AufenthG erteilt werden. Als Soll-Vorschrift ausgestaltet, steht der Behörde nur ein eingeschränkter Ermessensspielraum zu.

Die Erteilung der Aufenthaltserlaubnis setzt Deutschkenntnisse, in der Regel auf A2-Niveau, die Eignung der Qualifizierungsmaßnahme und ggf. die Zustimmung der Bundesagentur für Arbeit voraus. Die Aufenthaltserlaubnis berechtigt zur Ausübung einer auf zehn Wochenstunden begrenzten Beschäftigung. Eine zeitlich unbeschränkte Beschäftigung ist nach Abs. 2 möglich, sofern die Art der Tätigkeit in einem Zusammenhang mit den in der späteren Beschäftigung verlangten berufsfachlichen Kenntnissen steht, ein Arbeitsplatzangebot vorliegt und die Bundesagentur für Arbeit ggf. zustimmt. Sie kann für maximal zwei Jahre erteilt werden.

5.3 Zulassungsbedingungen für ausländische Fachkräfte in Deutschland gemäß § 18 AufenthG

Die Zulassung ausländischer Fachkräfte in Deutschland richtet sich gemäß § 18 Abs. 1 AufenthG u. a. nach den Bedürfnissen des Wirtschaftsstandortes und den Gegebenheiten des Arbeitsmarktes. Die besonderen Optionen für ausländische

---

[3] Abgerufen unter: https://www.make-it-in-germany.com/de/auslaendische-Pflegefachkr aefte-fuer-den-deutschen-arbeitsmarkt-gewinnen (letzter Zugriff am 31. Januar 2024).

Fachkräfte sollen die Fachkräftebasis in Deutschland sichern und die sozialen Sicherungssysteme stärken. Für die Erteilung eines Aufenthaltstitels zur Ausübung einer Beschäftigung sind mehrere Bedingungen zu erfüllen. Zunächst muss ein konkretes Arbeitsplatzangebot vorliegen. Weiterhin bedarf es der Zustimmung der Bundesagentur für Arbeit gemäß § 39 AufenthG, es sei denn, es besteht eine Ausnahmeregelung gemäß Gesetz, zwischenstaatlicher Vereinbarung oder Beschäftigungsverordnung. Eine Berufsausübungserlaubnis ist erteilt oder zugesagt, und die Gleichwertigkeit der Qualifikation oder ein anerkannter ausländischer Hochschulabschluss muss vorliegen. Zudem muss das Gehalt bei erstmaliger Erteilung eines Aufenthaltstitels nach Vollendung des 45. Lebensjahres mindestens 55 % der jährlichen Beitragsbemessungsgrenze in der allgemeinen Rentenversicherung betragen, es sei denn, es wird eine angemessene Altersversorgung nachgewiesen. Von diesen Voraussetzungen kann nur in begründeten Ausnahmefällen abgewichen werden, in denen ein öffentliches, insbesondere regionales, wirtschaftliches oder arbeitsmarktpolitisches Interesse an der Beschäftigung des Ausländers besteht. Das Bundesministerium des Innern, für Bau und Heimat legt das Mindestgehalt für jedes Kalenderjahr bis zum 31. Dezember des Vorjahres im Bundesanzeiger fest.

5.3.1 Beschäftigung als Fachkraft mit Berufsausbildung gemäß § 18a AufenthG

Nach § 18 Abs. 4 AufenthG a. F. i. V. m. § 6 Abs. 1 Beschäftigungsverordnung (BeschV) a. F. konnte die Bundesagentur für Arbeit der Aufnahme einer Beschäftigung für Einwanderer, die eine qualifizierte berufliche Ausbildung im Inland absolviert hatten, zustimmen. Jedoch war die Regelung wesentlich strenger in Bezug auf Ausländer, die ihre Berufsqualifikation im Ausland erworben hatten. Hier musste nach Prüfung der Voraussetzungen die Gleichwertigkeit durch die Regierungspräsidien festgestellt werden (vgl. § 6 Abs. 2 BeschV a.F.).[4]

In seiner neuen Fassung regelt § 18a AufenthG die Aufenthaltserlaubnis für Fachkräfte mit Berufsausbildung. Gemäß § 18 Abs. 3 Nr. 1 AufenthG gilt als Fachkraft, wer eine inländische qualifizierte Berufsausbildung besitzt oder dessen ausländische Berufsausbildung als gleichwertig zu einer inländischen qualifizierten Berufsausbildung angesehen wird. Der Begriff der qualifizierten Berufsausbildung wird in § 2 Abs. 12a AufenthG als Berufsausbildung in

---

[4] Nusser In: Bergmann, Dienelt (Hrsg.) Ausländerrecht, 14. Aufl., München 2022, AufenthG § 18a Rdnr. 1.

einem staatlich anerkannten oder vergleichbaren geregelten Ausbildungsberuf definiert, für den eine Ausbildungsdauer von mindestens zwei Jahren gemäß bundes- oder landesrechtlichen Vorschriften festgelegt ist. Außerdem muss gemäß § 18 Abs. 2 Nr. 4 AufenthG die Gleichwertigkeit der Qualifikation in Fällen, in denen keine inländische qualifizierte Berufsausbildung, sondern nur eine mit einer inländischen qualifizierten Berufsausbildung gleichwertige ausländische Berufsausbildung vorliegt, bestätigt werden. Maßgeblich für die Feststellung der Gleichwertigkeit der Berufsqualifikation sind das Gesetz über die Feststellung der Gleichwertigkeit von Berufsqualifikationen (BQFG) und die entsprechenden Landesanerkennungsgesetze.

Durch das Gesetz zur Verbesserung der Feststellung und Anerkennung im Ausland erworbener Berufsqualifikationen und die Landesanerkennungsgesetze, wie dem Gesetz zur Feststellung der Gleichwertigkeit ausländischer Berufsqualifikationen in Baden-Württemberg (BQFG-BW), haben Ausländer die Möglichkeit, bereits vor der Einreise nach Deutschland ihre Qualifikation anerkennen zu lassen. § 18a AufenthG dient auch der Umsetzung der Richtlinie 2005/36/EG über die Anerkennung von Berufsqualifikationen in das deutsche Recht.[5] In der Praxis wird sich die Beurteilung auf die Bewertungsvorschläge der Zentralstelle für Auslandsbildung bei der Kultusministerkonferenz stützen müssen. Diese Stelle erstellt Gutachten zu einzelnen Abschlüssen und verfügt über eine Datenbank, die öffentlich zugänglich ist. Die Datenbank enthält jedoch nur Hochschulzugangsinformationen für zahlreiche Staaten, nicht aber Bewertungsvorschläge für alle Abschlüsse.[6]

Die Beschäftigung von ausländischen Fachkräften mit beruflicher, also nicht akademischer Ausbildung, ist jetzt nicht mehr auf Engpassberufe beschränkt. Die Bundesagentur für Arbeit analysiert jährlich die Fachkräftesituation auf dem Arbeitsmarkt. Dabei werden anhand von 14 statistischen Indikatoren für alle Berufsgattungen in Deutschland und Berufsgruppen in den Ländern Punktewerte ermittelt. Die 14 Indikatoren sind in drei Hauptkategorien unterteilt, nämlich

---

[5] Richtlinie 2005/36/EG (ABl. EU 2005 Nr. L 255 S. 22), zuletzt geändert durch die Richtlinie 2013/25/EU (ABl. EU 2013 Nr. L 158, S. 368).

[6] Nusser In: Bergmann, Dienelt (Hrsg.) Ausländerrecht, 14. Aufl., München 2022, AufenthG § 18a Rdnr. 4.

Engpassindikatoren,[7] Risikoindikatoren[8] und Ergänzungsindikatoren.[9] Die Identifizierung eines Engpassberufs erfordert, dass mindestens sechs der genannten Indikatoren auf einen Engpassberuf hinweisen.[10] Diese Indikatoren werden auf einer Skala von 0 bis 3,0 bewertet. Ein Punktewert unterhalb von 1,5 deutet auf einen Nicht-Engpassberuf hin, während Werte von 2,0 oder darüber einen Engpassberuf kennzeichnen. Im Jahr 2022 wurde das Berufsfeld der Pflegefachkräfte in Deutschland als Engpassberuf bewertet, mit einer Gesamtbewertung von 2,8 von 3,0 Punkten. Die Daten basieren auf dem Jahresdurchschnitt von Arbeitslosigkeit und gemeldeten Arbeitsstellen im Jahr 2022 sowie der Beschäftigungssituation am 30. Juni 2022 und den Entgeltwerten zum 31. Dezember 2021. Die berufsspezifische Arbeitslosenquote beträgt 0,8 %, die Vakanzzeit liegt bei 136 Tagen, die Arbeitsuchenden-Stellen-Relation bei 1,0 und die Abgangsrate aus Arbeitslosigkeit beträgt 16 %. Außerdem stieg der Anteil sozialversicherungspflichtig beschäftigter Ausländer um 3 %P, und die mittleren Entgelte erhöhten sich um 12 %.[11] Eine sozialversicherungspflichtige Altenpflegestelle blieb z. B. im Zeitraum von Januar 2023 und Dezember 2023 durchschnittlich 244 Tage lang unbesetzt. Seit einigen Jahren gibt es in zahlreichen Handwerksberufen ebenso einen deutlichen Mangel an qualifizierten Arbeitskräften.[12] Durch eine in Deutschland anerkannte abgeschlossene Berufsausbildung haben nach § 18a

---

[7] Vakanzzeit, Arbeitsuchenden-Stellen-Relation, berufsspezifische Arbeitslosenquote, Veränderung des Anteils sozialversicherungspflichtiger Beschäftigung von Ausländern, Abgangsrate aus Arbeitslosigkeit und Entwicklung der Entgelte. Statistik der Bundesagentur für Arbeit, Grundlagen: Methodenbericht – Engpassanalyse – Methodische Weiterentwicklung, Nürnberg, April 2020.

[8] Veränderung des Anteils älterer Beschäftigter (60 Jahre und älter), Anteil unbesetzter Ausbildungsstellen an allen gemeldeten betrieblichen Ausbildungsstellen, Absolventen-Beschäftigten-Relation und Substituierbarkeitspotenzial. Statistik der Bundesagentur für Arbeit, Grundlagen: Methodenbericht – Engpassanalyse – Methodische Weiterentwicklung, Nürnberg, April 2020.

[9] Berufliche Mobilität, Arbeitsstellenbestandsquote, Teilzeitquote und Selbstständigenanteil. Statistik der Bundesagentur für Arbeit, Grundlagen: Methodenbericht – Engpassanalyse – Methodische Weiterentwicklung, Nürnberg, April 2020.

[10] Abgerufen unter: https://statistik.arbeitsagentur.de/DE/Navigation/Statistiken/Interaktive-Statistiken/Fachkraeftebedarf/Engpassanalyse-Nav.html (letzter Zugriff am 31. Januar 2024).

[11] Abgerufen unter: https://statistik.arbeitsagentur.de/DE/Navigation/Statistiken/Interaktive-Statistiken/Fachkraeftebedarf/Engpassanalyse-Nav.html (letzter Zugriff am 31. Januar 2024).

[12] Abgerufen unter: https://de.statista.com/statistik/daten/studie/420385/umfrage/vakanzzeit-von-sozialversicherungspflichtigen-arbeitsstellen-ausgewaehlter-engpassberufe-in-deutschland/ (letzter Zugriff am 31. Januar 2024).

AufenthG Fachkräfte mit einem Aufenthaltstitel zur Ausübung einer qualifizierten Beschäftigung Zugang zu allen Berufen, für deren Ausübung sie ihre Qualifikation befähigt.[13]

5.3.2 Blaue Karte EU für Fachkräfte mit Hochschulabschluss in Engpassberufen gemäß § 18 g AufenthG

Für die Einreise nach Deutschland zum Zweck der Erwerbstätigkeit wird in der Regel ein Visum verlangt. Vor Ablauf des Visums kann bei der örtlich zuständigen Ausländerbehörde eine Blaue Karte EU beantragt werden. Gemäß § 18 g Abs. 1 Satz 1 AufenthG können Fachkräfte mit akademischer Ausbildung oder einem tertiären Bildungsabschluss mit nachweislicher Ausbildungsdauer von mindestens drei Jahren (Abs. 1 Satz 5) ohne Zustimmung der Bundesagentur für Arbeit eine solche Blaue Karte EU erhalten. Hierbei handelt es sich um einen befristeter Aufenthaltstitel, der in der Regel für die Dauer von vier Jahren erteilt wird. Wenn die Laufzeit des Arbeitsvertrages kürzer als vier Jahre ist, wird die Blaue Karte EU für die Dauer des Arbeitsvertrages zuzüglich von drei Monaten erteilt.

Voraussetzung für die Erteilung der Blauen Karte EU ist, dass die Beschäftigungsdauer mindestens sechs Monate beträgt (Abs. 3), die Arbeitsstelle der Qualifikation (Hochschulabschluss) angemessen ist und ein Gehalt von mindestens 50 % der jährlichen Beitragsbemessungsgrenze in der allgemeinen Rentenversicherung erzielt wird. Für Mangelberufe wie die Pflegefachkräfte ist die Gehaltsgrenze auf 45,3 % abgesenkt (für 2024 sind dies 41.042 € brutto pro Jahr.[14] Das Bundesministerium des Innern und für Heimat gibt die Mindestgehälter jährlich im Bundesanzeiger bekannt.[15] Der Lebensunterhalt der Person gilt als gesichert, wenn der Ausländer Inhaber einer Aufenthaltserlaubnis nach § 18a oder § 18b ist und der Arbeitsplatz nicht gewechselt wird. Ferner dürfen keine Ablehnungsgründe gemäß § 19f Abs. 1 oder 2 AufenthG vorliegen. Sind

---

[13] Abgerufen unter: https://www.make-it-in-germany.com/de/visum-aufenthalt/fachkraeftee inwanderungsgesetz?gad=1&gclid=EAIaIQobChMIxeW1wMnD_wIVywaLCh3trAvzEAA YASAAEgLcF_D_BwE (letzter Zugriff am 31. Januar 2024).

[14] Abgerufen unter: https://digital.diplo.de/navigator/de/visa/overview/blue-card-eu (letzter Zugriff am 31. Januar 2024).

[15] Abgerufen unter: https://www.make-it-in-germany.com/de/visum-aufenthalt/arten/blaue-karte-eu (letzter Zugriff am 31. Januar 2024).

diese Voraussetzungen erfüllt, besteht ein Rechtsanspruch auf die Erteilung der Blauen Karte EU.

Bei Erfüllung der Bedingungen besteht die Möglichkeit einer Verlängerung des Aufenthaltstitels in Deutschland. Inhaberinnen und Inhaber einer Blauen Karte EU können gemäß § 18c Abs. 2 AufenthG nach 33 Monaten die Niederlassungserlaubnis erhalten, indem sie Deutschkenntnisse auf A1-Niveau gemäß dem Gemeinsamen Europäischen Referenzrahmen für Sprachen (GER) nachweisen. Bei Erreichen und Nachweis des Sprachniveaus B1 kann die Niederlassungserlaubnis bereits nach 21 Monaten erteilt werden.[16] Für die Position als Pflegefachkraft sind allerdings je nach Bundesland Deutschkenntnisse auf dem Niveau B1 oder B2 gemäß dem Europäischen Referenzrahmen für Sprachen (GER) erforderlich.[17]

5.3.3   Aufenthaltserlaubnis zur Arbeitsplatzsuche

Es ist ebenfalls gestattet, dass Fachkräfte mit einer qualifizierten Berufsausbildung einreisen können, um eine Arbeitsstelle in Deutschland zu suchen. In diesem Fall erhalten sie eine Aufenthaltserlaubnis für bis zu sechs Monate nach § 20 Abs. 1 AufenthG. Es ist erforderlich, dass die ausländische Qualifikation von der zuständigen Stelle in Deutschland bestätigt wird, der Lebensunterhalt für den Aufenthalt gewährleistet ist und entsprechende Deutschkenntnisse für die angestrebte Tätigkeit vorhanden sind. Grundsätzlich ist notwendig, dass die Fachkraft mindestens Deutschkenntnisse auf dem Niveau B1 des Gemeinsamen Europäischen Referenzrahmens für Sprachen besitzt.

Es ist weiterhin möglich, während des Aufenthalts zur Arbeitsplatzsuche eine Probebeschäftigung von bis zu zehn Stunden pro Woche aufzunehmen. Dies ermöglicht es den Arbeitgebern und der ausländischen Fachkraft, zu überprüfen, ob sie sich ergänzen und zueinanderpassen oder nicht. Auch Fachkräfte mit anerkannter akademischer Ausbildung haben die Möglichkeit, eine Probebeschäftigung von bis zu sechs Monaten zu beantragen.[18]

---

[16] Abgerufen unter: https://www.make-it-in-germany.com/de/visum-aufenthalt/arten/blaue-karte-eu (letzter Zugriff am 31. Januar 2024).

[17] Abgerufen unter: https://www.make-it-in-germany.com/de/studium-ausbildung/ausbil dung-in-deutschland/gefragte-ausbildungsberufe/pflegefachkraft (letzter Zugriff am 31. Januar 2024).

[18] Abgerufen unter: https://www.make-it-in-germany.com/de/visum-aufenthalt/fachkraefte inwanderungsgesetz?gad=1&gclid=EAIaIQobChMIxeW1wMnD_wIVywaLCh3trAvzEAA YASAAEgLcF_D_BwE (letzter Zugriff am: 31. Januar 2024).

5.3.4 Beschleunigtes Fachkräfteverfahren gemäß § 81a AufenthG

Die lange Dauer bis zur Erteilung eines Visums für Fachkräfte und die Komplexität des Verfahrensablaufs war immer wieder Gegenstand der Kritik von Arbeitgebern. Aus diesem Grund hat der Gesetzgeber in § 81a AufenthG ein beschleunigtes Fachkräfteverfahrens aufgenommen.[19] Arbeitgeber können nunmehr bei der zuständigen Ausländerbehörde in Vollmacht des Ausländers, der zu einem bestimmten Aufenthaltszweck einreisen will, ein beschleunigtes Fachkräfteverfahren beantragen. Im Folgenden schließt der Arbeitgeber mit der Ausländerbehörden eine Vereinbarung zur Durchführung des Verfahrens ab. Dieses Verfahren gilt für eine Aufenthaltserlaubnis zum Zweck einer Berufsausbildung nach § 16a, für Maßnahmen zur Anerkennung ausländischer Berufsqualifikationen nach § 16d, für Fachkräfte mit Berufsausbildung nach § 18a, für Fachkräfte mit akademischer Ausbildung nach § 18b und die Niederlassungserlaubnis für Fachkräfte nach § 18c AufenthG. Dabei findet eine Zuständigkeitskonzentration bei zentralen Ausländerbehörden statt.[20] Unter Hinweis auf das beschleunigte Verfahren hat die Ausländerbehörde nun die Berufsausübungserlaubnis bei der für die berufliche Anerkennung zuständigen Stellen, z. B. den Regierungspräsidien in Baden-Württemberg, und die Zustimmung der Bundesagentur für Arbeit gemäß § 36 BeschV einzuholen. Das Verfahren der Anerkennung der ausländischen Abschlüsse soll innerhalb von zwei Monaten abgeschlossen sein. Wenn die Bundesagentur für Arbeit sich innerhalb einer Woche nicht äußert, gilt die Zustimmung als erteilt. Die Auslandsvertretungen vergibt schließlich nach § 31 AufenthV einen Termin zur Visumsbeantragung innerhalb von drei Wochen. Über den Antrag ist dann ebenfalls innerhalb von drei Wochen zu entscheiden. Für die Durchführung des Verfahrens ist eine Verwaltungsgebühr in Höhe von 411 € nach § 47 Abs. 1 Nr. 15 AufenthV zu bezahlen.[21] Dieses Verfahren soll nicht nur zu einer schnelleren Besetzung freier Stellen führen, sondern überdies durch die zwischen der Ausländerbehörde und dem Arbeitgeber zu schließende Vereinbarung auch mehr Verfahrenstransparenz schaffen.

---

[19] *Breidenbach* (2023) In: Kluth W, Heusch A (Hrsg) BeckOK Ausländerrecht. 39. Edition, C.H. Beck, München, AufenthG § 81a Vorb. zu Rdnr. 1.

[20] *Breidenbach* (2023) In: Kluth W, Heusch A (Hrsg) BeckOK Ausländerrecht. 39. Edition, C.H. Beck, München, AufenthG § 81a Vorb zu Rdnr. 1.

[21] *Breidenbach* (2023) In: Kluth, Heusch (Hrsg) BeckOK Ausländerrecht. 39. Edition, C.H. Beck, München, AufenthG § 81a Rdnr. 1.

5.3.5   Zur Anerkennung ausländischer Berufsqualifikationen

Die Erteilung eines Aufenthaltstitels setzt nach § 18 Abs. 2 Nr. 3 und 4 AufenthG voraus, dass ein Arbeitsplatzangebot vorliegt, die Bundesagentur für Arbeit nach § 39 AufenthG zugestimmt hat, eine Berufsausübungserlaubnis erteilt oder zugesagt ist sowie die Gleichwertigkeit der Qualifikation festgestellt wurde oder ein anerkannter ausländischer oder mit einem deutschen Hochschulabschluss vergleichbarer ausländischer Hochschulabschluss vorliegt.[22]

Das Ziel des § 16d AufenthG besteht darin, die Diskrepanz zwischen der angestrebten Zunahme an Zuwanderung von Fachkräften in Ausbildungsberufe und der unbefriedigenden Anerkennung ausländischer Abschlüsse zu beseitigen.[23] In diesem Sinne regelt § 16d AufenthG den Aufenthalt zum Zweck der Ausbildung. Danach kann eine Aufenthaltserlaubnis zur Durchführung von Qualifizierungsmaßnahmen, einschließlich der Prüfungen, erteilt werden, wenn diese notwendige Voraussetzung für eine Berufsausübung ist.

Es gibt mehrere Schritte, die durchzuführen sind, um eine ausländische Berufsqualifikationen anerkennen zu lassen. In der Regel beginnt das Verfahren mit der Erhebung von relevanten Informationen und der Beratung, der Erläuterung von Optionen zur Finanzierung des Anerkennungsverfahrens, der Erstellung der erforderlichen Dokumente in angemessener Form und der Einreichung des vollständigen Antrags bei der zuständigen Stelle. Anschließend erfolgt das Verfahren zur Anerkennung, das üblicherweise aus einer formellen Gleichwertigkeitsprüfung und ggf. der Absolvierung einer Ausgleichsmaßnahme besteht, falls der ausländische Abschluss teilweise, aber nicht vollständig gleichwertig mit dem deutschen Referenzberuf ist.[24]

Das Berufsqualifikationsfeststellungsgesetz (BQFG) verankert den Rechtsanspruch auf ein Anerkennungsverfahren und schafft einheitliche Kriterien und Regeln für eine solche Anerkennung. Das Gesetz dient der besseren Akzeptanz von im Ausland erworbenen Berufsqualifikationen für den deutschen Arbeitsmarkt, um eine qualifikationsnahe Beschäftigung zu ermöglichen. Daneben

---

[22] Fleuß (2023) In: Kluth, Heusch (Hrsg) BeckOK Ausländerrecht. 39. Edition, C.H. Beck, München, AufenthG § 16d Rdnr. 2.

[23] Fleuß (2023) In: Kluth, Heusch (Hrsg) BeckOK Ausländerrecht. 39. Edition, C.H. Beck, München, AufenthG § 16d Rdnr. 1.

[24] *Böse/Schmitz,* Wie lange dauert die Anerkennung ausländischer Berufsqualifikationen? Analysen zur Verfahrensdauer anhand der amtlichen Statistik für die Jahre 2017 bis 2021; Ergebnisse des BIBB-Anerkennungsmonitorings. Version 1.0 Bonn, 2022, S. 3.

existieren Fachgesetze für bestimmte reglementierte Berufe, die speziell die Voraussetzungen für eine Anerkennung festlegen. Zu diesen gehören beispielsweise die Handwerksordnung für die Meisterprüfung, die Bundesärzteordnung oder das Krankenpflegegesetz (KrPflG). Die Fachgesetze wurden in Übereinstimmung mit dem Anerkennungsgesetz angepasst und haben als spezielleres Recht Vorrang vor dem BQFG. Mehr als 600 Berufe sind von dem BQFG betroffen. Zu dieser Gruppe gehören sowohl unregulierte Berufe wie die dualen Ausbildungsberufe als auch regulierte Berufe wie Arzt, Apotheker oder Pflegefachfrau/Pflegefachmann.[25]

Die zuständige Stelle vergleicht während des Anerkennungsverfahrens die ausländische Berufsqualifikation mit der Berufsqualifikation eines deutschen Referenzberufs. Es sind spezifische Dokumente erforderlich, um die Inhalte und Dauer der Ausbildung für diese Gleichwertigkeitsprüfung zu dokumentieren. Es werden sowohl Berufserfahrung als auch zusätzliche Kenntnisse und Fähigkeiten berücksichtigt. Wenn keine wesentlichen Unterschiede zur deutschen Berufsqualifikation bestehen, wird die ausländische Berufsqualifikation als gleichwertig anerkannt. Wenn es um reglementierte Berufe geht, werden zusätzliche Anforderungen geprüft, die neben der Anerkennung der Berufsqualifikation für die Zulassung zur Berufsausübung erforderlich sind. Diese umfassen beispielsweise die individuellen Fähigkeiten oder das Beherrschen der deutschen Sprache.

▶ **Wichtig**
Die Voraussetzungen für die Erteilung eines Aufenthaltstitels gemäß § 18 Abs. 2 AufenthG sind:

- Arbeitsplatzangebot vorhanden
- Zustimmung der Bundesagentur für Arbeit gemäß § 39 AufenthG
- Erteilung oder Zusage einer Berufsausübungserlaubnis
- Feststellung der Gleichwertigkeit der Qualifikation oder Vorliegen eines anerkannten ausländischen oder mit einem deutschen Hochschulabschluss vergleichbaren ausländischen Hochschulabschlusses
- ggf. bestimmte Höhe des Gehalts erforderlich.

---

[25] *Böse/Schmitz*, Wie lange dauert die Anerkennung ausländischer Berufsqualifikationen? Analysen zur Verfahrensdauer anhand der amtlichen Statistik für die Jahre 2017 bis 2021; Ergebnisse des BIBB-Anerkennungsmonitorings. Version 1.0 Bonn, 2022, S. 19.

Das Anerkennungsverfahren für ausländischer Berufsabschlüsse nach dem Pflegeberufegesetz

Die Politik hat erkannt, dass es dringenden Handlungsbedarf in der Pflege gibt, und das Problem des Fachkräftemangels ist mittlerweile regelmäßig Thema in den Medien. Es ist geplant, das Berufsfeld der Pflege attraktiver zu gestalten und das Potenzial von heimischen Fachkräften besser zu nutzen. Das Gesetz über die Pflegeberufe (Pflegeberufegesetz – PflBG) hat neben der Umstellung auf eine generalistische Ausbildung auch ein generalistisch ausgerichtetes, primärqualifizierendes Pflegestudium eingeführt. Um eine qualitativ hochwertige Pflege zu gewährleisten, wird der Einsatz von Pflegefachkräften aus dem Ausland, insbesondere aus Drittstaaten außerhalb der EU, zunehmend relevanter.[1]

In Deutschland bestehen spezielle Regelungen für den Beruf der Pflegefachfrau bzw. des Pflegefachmanns. Für die Führung dieser Berufsbezeichnung ist es nach § 1 Abs. 1 PflBG erforderlich, eine Erlaubnis zu besitzen. Gemäß § 2 PflBG ist die Erlaubnis zur Führung der Berufsbezeichnung auf Antrag zu erteilen. Die antragstellende Person muss die vorgeschriebene berufliche oder hochschulische Ausbildung gemäß den Bestimmungen dieses Gesetzes absolviert haben und die staatliche Abschlussprüfung erfolgreich abgeschlossen haben. Des Weiteren darf die Person keine Verfehlungen begangen haben, die ihre Zuverlässigkeit für die Berufsausübung infrage stellen. Zudem muss sie gesundheitlich geeignet sein und über ausreichende Kenntnisse der deutschen Sprache verfügen, die für die Ausübung des Berufs erforderlich sind. In § 48 der Pflegeberufe-Ausbildungs- und

---

[1] *Schilling,* Das Verfahren zur Anerkennung ausländischer Berufsabschlüsse in der Pflege nach dem Pflegeberufegesetz. *Neue Zeitschrift für Sozialrecht* 2021, S. 12.

D. M. Hradecky und G. G. Sander, *Internationale Pflegefachkräfte für kommunale Krankenhäuser gewinnen*, essentials, https://doi.org/10.1007/978-3-658-44618-5_6

Prüfungsverordnung (PflAPrV) werden spezifische Anforderungen für die Ausbildungsnachweisen aus einem anderen Mitgliedstaat der EU oder einem anderen Vertragsstaat des EWR oder der Schweiz festgelegt. § 48 PflAPrV regelt den Nachweis der Zuverlässigkeit und gesundheitlichen Eignung für Personen, die einen Ausbildungsnachweis aus einem anderen EU-/EWR-Mitgliedstaat oder der Schweiz besitzen und eine Erlaubnis nach § 1, § 58 Abs. 1 oder Abs. 2 PflBG beantragen. Die betreffende Person kann dazu eine entsprechende Bescheinigung, einen Strafregisterauszug oder einen gleichwertigen Nachweis der zuständigen Behörde ihres Herkunftsmitgliedstaates vorlegen. Im Falle von Zweifeln kann die deutsche Behörde eine Bestätigung von einem Mitgliedstaat einholen. Falls Tatsachen außerhalb des Geltungsbereichs des PflBG von Bedeutung sind, informiert die deutsche Behörde die zuständige Stelle im Herkunftsmitgliedstaat und bittet um Überprüfung. Falls die erforderlichen Bescheinigungen nicht innerhalb von zwei Monaten ausgestellt werden, kann die antragstellende Person eine eidesstattliche Erklärung vorlegen. Für die Voraussetzung nach § 2 Nr. 3 PflBG kann die betreffende Person einen entsprechenden Nachweis ihres Herkunftsmitgliedstaates vorlegen. Die Behandlung der Bescheinigungen und Mitteilungen erfolgt vertraulich und unterliegt zeitlichen Beschränkungen. Diese Regelungen gelten auch für Inhaberinnen und Inhaber von Drittstaatsdiplomen, für deren Anerkennung eine Gleichstellung nach EU-Recht besteht.

Zudem besteht eine Erlaubnispflicht nach § 58 AufenthG für die Führung von Berufsbezeichnungen in der Gesundheits- und Krankenpflege sowie in der Altenpflege. Unter bestimmten Bedingungen können aber auch Pflegeausbildungen, die außerhalb Deutschlands absolviert wurden, die Voraussetzungen für die Führung der Berufsbezeichnungen erfüllen.

Im PflBG werden zwei unterschiedliche Arten von Pflegeausbildungen behandelt. Zum einen geht es um die Fälle nach §§ 41, 42 PflBG, in denen die Pflegeausbildungen in einem Mitgliedstaat der EU oder in einem anderen Vertragsstaat des EWR-Abkommens erbracht wurden (sog. EU-/EWR-Ausbildungen), zum anderen um Pflegeausbildungen in Drittstaaten gemäß § 40 PflBG. In beide Fällen ist es möglich, dass eine Ausbildung im Ausland die Anforderungen des § 2 Nr. 1 PflBG erfüllt, wenn der erreichte Ausbildungsstand im Ausland gleichwertig mit dem der deutschen Pflegeausbildung ist. Das PflBG legt in §§ 17 und 18 fest, unter welchen Bedingungen EU-/EWR-Ausbildungen gemäß der Richtlinie 2005/36/EG über die Anerkennung von Berufsqualifikationen als gleichwertig anerkannt werden können. Für die Anerkennung drittstaatlicher Bildungsabschlüsse ist die Erfüllung der folgenden Kriterien notwendig.

≫ **Wichtig**

Voraussetzungen gemäß § 2 PflBG für die Erlaubnis zur Führung der Berufsbezeichnung Pflegefachfrau oder Pflegefachmann:

- Abschluss der vorgeschriebenen beruflichen oder hochschulischen Ausbildung gemäß den Bestimmungen des PflBG
- Erfolgreicher Abschluss der staatlichen Abschlussprüfung
- Keine Verfehlungen, die die Zuverlässigkeit für die Berufsausübung infrage stellen
- Gesundheitliche Eignung für die Berufsausübung
- Ausreichende Kenntnisse der deutschen Sprache, die für die Ausübung des Berufs erforderlich sind; im Falle von Pflegfachkräften je nach Bundesland B1 oder B2.

6.1 Aufhebung der Vorrangprüfung

Für Fachkräfte aus dritten Staaten musste von der Bundesagentur für Arbeit bislang eine Vorrangprüfung für die Zustimmung zur Beschäftigung zugewanderter Personen durchgeführt werden. Hierbei wurde untersucht, ob der konkrete Arbeitsplatz durch eine arbeitslose deutsche oder EU-ausländische Person besetzt werden konnte. Wenn der Arbeitgeber begründen konnte, dass es keine geeigneten Bewerberinnen und Bewerber unter den bevorrechtigten Arbeitslosen gibt, konnte eine Einstellung der Fachkraft vorgenommen werden.

Mit dem FEG wurde § 39 in Abs. 2 Satz 2 AufenthG dahingehend geändert, dass künftig die Zustimmung der Bundesagentur für Arbeit zu einer Beschäftigung einer ausländischen Fachkraft aus einem Drittstaat nicht mehr erforderlich ist. Es wird also nicht mehr überprüft, ob eine Bewerberin oder ein Bewerber aus Deutschland oder der EU für den konkreten Arbeitsplatz verfügbar ist.[2]

6.2 Die Gleichwertigkeitsprüfung

In § 40 Abs. 2 PflBG wird festgelegt, welche Bedingungen eine Ausbildung im Ausland erfüllen muss, um als gleichwertig angesehen zu werden. Die Vorschrift entspricht in Bezug auf Inhalt und Wortlaut im Wesentlichen § 2 Abs. 3

---

[2] Abgerufen unter: https://www.make-it-in-germany.com/de/visum-aufenthalt/fachkraeftee inwanderungsgesetz (letzter Zugriff am: 31. Januar 2024).

KrPflG. Gemäß § 40 Abs. 2 Satz 1 PflBG gilt der Ausbildungsstand, der im Ausland erworben wurde, als gleichwertig, sofern er keine wesentlichen Unterschiede gegenüber der deutschen Ausbildung des Pflegefachberufs aufweist, für den die Anerkennung beantragt wird. Im Prüfungsverfahren hat sich eine zweistufige Vorgehensweise etabliert: Zunächst muss festgestellt werden, ob die Ausbildung, die im Ausland erworben wurde, in ihrer Gesamtheit dem deutschen Beruf entspricht, der im Anerkennungsantrag genannt wird (sog. Referenzberuf). In einem weiteren Schritt wird die tatsächliche Überprüfung der Gleichwertigkeit durchgeführt.

Das Ziel der Referenzierung der ausländischen Ausbildung besteht darin, festzustellen, ob sie ausreichende Übereinstimmungen mit der vergleichbaren deutschen Pflegeausbildung aufweist.[3] Wenn der passende Referenzberuf feststeht, muss im nächsten Schritt gemäß § 40 Abs. 2 PflBG überprüft werden, ob es wesentliche Unterschiede zwischen der ausländischen und der deutschen Berufsausbildung gibt. Es geht im Grundsatz darum, dass die Auslandsausbildung in Bezug auf die Qualität nicht der Inlandsausbildung unterlegen sein darf.[4] Der Gesetzgeber führt zur Konkretisierung des unbestimmten Rechtsbegriffs der „wesentlichen Unterschiede" in § 40 Abs. 2 Nr. 1 und 2 PflBG Gründe für das Vorliegen wesentlicher Unterschiede an. Nach § 40 Abs. 2 Nr. 1 PflBG ist davon auszugehen, dass es wesentliche Unterschiede gibt, wenn die Kompetenzen des Antragstellers Themenbereiche oder Bereiche der praktischen Ausbildung beinhalten, die sich wesentlich von den in der PflAPrV festgelegten unterscheiden oder nach Abs. 2 Nr. 2 der Pflegeberuf eine oder mehrere reglementierte Tätigkeiten umfasst, die im Herkunftsstaat nicht Bestandteil des Berufs sind und wenn die Ausbildung für die jeweilige Berufstätigkeit erforderlich ist.[5]

Ferner muss gemäß § 49 PflAPrV die zuständige Behörde innerhalb eines Monats nach Erhalt der Meldung und der Begleitdokumente über das Ergebnis der Prüfung nach § 46 Abs. 3 PflBG informieren. Die Person erhält die Erlaubnis zur Erbringung der Dienstleistung oder wird aufgefordert, eine Eignungsprüfung nach § 47 abzulegen. Falls die zuständige Behörde in besonderen Ausnahmefällen die Prüfung nicht innerhalb eines Monats durchführen kann, muss sie die Gründe der Verzögerung mitteilen und diese binnen eines Monats beheben. Die Person wird spätestens zwei Monate nach Behebung der Schwierigkeiten über das Prüfungsergebnis informiert. Wenn die zuständige Behörde innerhalb der genannten

---

[3] *Schilling,* Das Verfahren zur Anerkennung ausländischer Berufsabschlüsse in der Pflege nach dem Pflegeberufegesetz. *Neue Zeitschrift für Sozialrecht* 2021, S. 14.

[4] Haage (2019) Pflegeberufegesetz. Kommentar. 1. Online Aufl., Nomos, Baden-Baden, § 40 Rdnr. 2.

[5] Haage (2019) Pflegeberufegesetz. Kommentar. 1. Online Aufl., Nomos, Baden-Baden, § 40 Rdnr. 2.

Fristen keine Reaktion zeigt, ist die Dienstleistung erlaubt. Diese Regelungen gelten auch für Inhaberinnen und Inhaber von Drittstaatsdiplomen, sofern eine Gleichstellung nach dem Recht der EU besteht.

Falls keine Gleichwertigkeit gemäß § 40 Abs. 2 PflBG besteht oder es einen unangemessenen zeitlichen oder sachlichen Aufwand erfordert, um diese festzustellen, z. B. wenn Unterlagen ohne Verschulden des Antragstellers nicht vorgelegt werden können, muss gemäß § 40 Abs. 3 Satz 1 PflBG ein gleichwertiger Kenntnisstand nachgewiesen werden. Nach § 40 Abs. 3 Satz 2 PflBG muss der Nachweis durch eine Kenntnisprüfung erbracht werden, die dem Inhalt der staatlichen Abschlussprüfung entspricht, oder durch einen Anpassungslehrgang, der nicht länger als drei Jahre dauern darf und mit einer Prüfung abgeschlossen werden muss. Der Antragsteller hat die Wahl zwischen einem Anpassungslehrgang oder einer Kenntnisprüfung gemäß § 40 Abs. 3 Satz 3 PflBG.

Feststellung
Die Überprüfung der Gleichwertigkeit der im Ausland erworbenen Ausbildung mit dem deutschen Referenzberuf erfolgt in zwei Schritten: Zunächst wird festgestellt, ob die Ausbildung in ihrer Gesamtheit dem deutschen Beruf entspricht. Im nächsten Schritt erfolgt die Prüfung auf wesentliche Unterschiede gemäß den Gründen des § 40 Abs. 2 Nr. 1 und 2 PflBG, um sicherzustellen, dass die Ausbildung in Bezug auf die Qualität nicht der Inlandsausbildung unterlegen ist.

6.3   Die Kenntnisprüfung

Die Kenntnisprüfung nach § 45 PflAPrV ist eine eigenständige Prüfung und unterscheidet sich von der inländischen Staatsprüfung. Bei dieser Prüfung werden keine anderen oder zusätzlichen Inhalte überprüft als bei der Inlandsprüfung. Die zu prüfende Person muss in der Kenntnisprüfung nachweisen, dass sie über jene Kompetenzen verfügt, die für die Ausübung der Berufe Pflegefachfrau bzw. Pflegefachmann erforderlich sind. Die Prüfung findet vor einer staatlichen Prüfungskommission statt. Die Regierungspräsidien bzw. Bezirksregierungen der Bundesländer haben das Recht, die regulären Prüfungstermine der staatlichen Prüfung gemäß § 9 Abs. 1 PflAPrV zu nutzen, wobei sie sicherzustellen müssen, dass die antragstellende Person die Prüfung innerhalb von sechs Monaten nach der ablehnenden Entscheidung i.S.d. § 43 Abs. 4 PflAPrV über die Führung der Berufsbezeichnung ablegen kann.

Im Rahmen der Prüfung findet ein mündlicher und ein praktischer Teil statt. Nur wenn die zu prüfende Person beide Prüfungsteile bestanden hat, gilt die Prüfung als erfolgreich abgeschlossen. Die Inhalte der Kenntnisprüfung setzen sich aus fünf Kompetenzbereichen zusammen, je nach angestrebter Berufsbezeichnung als Pflegefachkraft, als Gesundheits- und Kinderkrankenpfleger oder Altenpfleger. Dabei variieren die Inhalte in den einzelnen Kompetenzfeldern. Bei den fünf Kompetenzbereichen handelt es sich um: I. Pflegeprozesse und Pflegediagnostik in akuten und dauerhaften Pflegesituationen verantwortlich planen, organisieren, gestalten, durchführen, steuern und evaluieren; II. Kommunikation und Beratung personen- und situationsorientiert gestalten; III. intra- und interprofessionelles Handeln in unterschiedlichen systemischen Kontexten verantwortlich gestalten und mitgestalten; IV. das eigene Handeln auf der Grundlage von Gesetzen, Verordnungen und ethischen Leitlinien reflektieren und begründen und V. das eigene Handeln auf der Grundlage von wissenschaftlichen Erkenntnissen und berufsethischen Werthaltungen und Einstellungen reflektieren und begründen.

Im mündlichen Teil der Prüfung muss nach § 45 Abs. 2 und 3 PflAPrV zwischen 45 und 60 min eine anspruchsvolle Aufgabe erledigt werden, die Anforderungen aus mindestens drei verschiedenen Kompetenzbereichen gemäß § 36 Abs. 1 Nr. 1, 2, und 3 PflAPrV enthält. Diese Kompetenzbereiche setzen voraus, dass Pflegefachkräfte in der Lage sind, das intra- und interprofessionelle Handeln in verschiedenen systemischen Kontexten verantwortungsbewusst zu gestalten und sowohl intraprofessionell als auch interprofessionell aktiv mitzuwirken. Dabei steht die kontinuierliche Weiterentwicklung der gesundheitlichen und pflegerischen Versorgung im Fokus. Darüber hinaus ist die Fähigkeit zur kritischen Reflexion und Begründung des eigenen Handelns vor dem Hintergrund von Gesetzen, Verordnungen und ethischen Leitlinien entscheidend. Pflegefachkräfte sollten zudem aktiv an der Entwicklung und Umsetzung von Qualitätsmanagementkonzepten, Leitlinien und Expertenstandards teilnehmen. Ein weiterer zentraler Aspekt ist die Fähigkeit zur reflektierten Anwendung wissenschaftlicher Erkenntnisse sowie die Berücksichtigung berufsethischer Werthaltungen und Einstellungen. Diese Kompetenzen tragen nicht nur zur persönlichen Entwicklung bei, sondern ermöglichen auch eine aktive Beteiligung an der fortlaufenden Berufsentwicklung, um die Pflegepraxis kontinuierlich zu verbessern. Die Prüfungsaufgabe zielt darauf ab, eine Fallsituation in einem anderen Versorgungskontext als dem der praktischen Prüfung zu bearbeiten. Diese Prüfungsaufgabe dient dazu, die Fähigkeit der ausländischen Pflegefachkräfte zu überprüfen, ihr Wissen und ihre Kompetenzen auf verschiedene Situationen anzuwenden. Die

Prüfung wird gemäß § 15 Abs. 4 PflAPrV von zwei Fachprüfern abgenommen und bewertet, wobei eine Person die Anforderung des § 10 Abs. 1 Nr. 3 PflAPrV entsprechend an einer Pflegeschule unterrichten muss. Der mündliche Teil der Kenntnisprüfung ist erfolgreich abgeschlossen, wenn die Fachprüfer in einer Gesamtbewertung die Kompetenzen aus den Kompetenzbereichen I bis V übereinstimmend mit ‚bestanden' bewerten.

Im praktischen Teil der Kenntnisprüfung muss die zu prüfende Person nach § 45 Abs. 4–6 PflAPrV innerhalb von 120 min nachweisen, dass sie die vorbehaltenen Tätigkeiten wahrnehmen und somit die erforderlichen Pflegeprozesse und die Pflegediagnostik verantwortlich planen, organisieren, gestalten, durchführen, steuern und evaluieren kann. Dies muss in mindestens zwei und höchstens vier Pflegesituationen erfolgen. Eine situationsangemessene Kommunikation mit den zu pflegenden Personen, ihren Bezugspersonen und den beruflich in die Versorgung eingebundenen Personen ist im Rahmen der pflegerischen Versorgung essenziell. Die zuständige Behörde bestimmt einen Einsatzbereich, der als Pflichteinsatz festgelegt ist, und die Anzahl der Pflegesituationen. Wenn die Fachprüfer jede Pflegesituation übereinstimmend mit ‚bestanden' bewerten, ist der praktische Teil der Prüfung erfolgreich abgeschlossen. Das Bestehen setzt mindestens voraus, dass die Leistung der zu prüfenden Person trotz ihrer Mängel den Anforderungen noch genügt. Falls die Fachprüfer unterschiedliche Bewertungen abgeben, entscheidet der oder die Vorsitzende des Prüfungsausschusses nach Rücksprache mit ihnen über das Bestehen.[6]

Feststellung
Die Kenntnisprüfung nach § 45 PflAPrV umfasst mündliche und praktische Teile, die von zwei Fachprüfern durchgeführt werden und erfolgreich sind, wenn beide bestanden werden.

6.4 Anpassungslehrgang

Die Prüfung nach dem Anpassungslehrgang ist eine Prüfung auf Defizite, um sicherzustellen, dass diese nicht mehr vorhanden sind. Nur wenn sich die festgestellten Mängel auf die gesamte Ausbildung beziehen, wäre eine vollständige Inlandsprüfung erforderlich. Das Ziel des Anpassungslehrgangs besteht gemäß

---

[6] *Haage* (2019) In: Haage H (Hrsg) Pflegeberufe-Ausbildungs- und Prüfungsverordnung. Kommentar. 1. Online-Aufl., Nomos, Baden-Baden, § 45 Rdnr. 5.

§ 40 Abs. 3 Satz 2 PflBG darin, sicherzustellen, dass der Teilnehmer über die Fähigkeiten verfügt, die für die Ausübung der Berufe Pflegefachfrau bzw. Pflegefachmann oder der beiden anderen Pflegeberufe erforderlich sind. Das zuständige Regierungspräsidium bzw. die Bezirksregierung bestimmt die Dauer und die Inhalte des Anpassungslehrgangs, um dieses Ziel zu erreichen. Der Anpassungslehrgang wird gemäß dem definierten Ziel sowohl in Form von theoretischem und praktischem Unterricht als auch in Form einer praktischen Ausbildung mit theoretischer Unterweisung oder einer Kombination beider Elemente durchgeführt. Dies geschieht in Einrichtungen, die gemäß § 6 Abs. 2 PflBG für Unterricht oder gemäß Abs. 3 S. 1 PflBG für Ausbildung anerkannt sind oder von der zuständigen Behörde als vergleichbar anerkannt werden. Bei der Auswahl des konkreten Einsatzortes für die praktische Ausbildung ist entscheidend, dass dort Patientinnen und Patienten mit entsprechendem Versorgungsbedarf betreut werden. Praxisanleiterinnen oder Praxisanleiter, die die Anforderungen nach § 4 Abs. 2 PflAPrV erfüllen, sollen angemessen in die theoretische Unterweisung eingebunden werden. Es ist wesentlich, dass die Praxisanleitung, die den Anforderungen in § 4 Abs. 2 PflAPrV entspricht, angemessen an der theoretischen Unterweisung beteiligt ist. Der Anpassungslehrgang wird nach § 40 Abs. 3 Satz 2 PflBG durch ein Abschlussgespräch mit einer Prüfung der vermittelten Fähigkeiten beendet. Der Fachprüfer führt das Abschlussgespräch in Zusammenarbeit mit der Lehrkraft oder dem Praxisanleiter, der den Teilnehmer während des Lehrgangs betreut hat. Über den erfolgreichen Abschluss erhalten die Teilnehmer eine Bescheinigung gemäß § 44 Abs. 3 Satz 2 PflAPrV.

Falls im Abschlussgespräch festgestellt wird, dass der Anpassungslehrgang nicht erfolgreich abgeschlossen wurde, entscheidet der Fachprüfer gemäß § 10 Abs. 1 Satz 2 Nr. 3 PflAPrV gemeinsam mit der Lehrkraft oder dem Praxisanleiter über eine angemessene Verlängerung des Anpassungslehrgangs. Dabei ist nur eine Verlängerung zulässig.[7] Nach der Verlängerung findet erneut ein Abschlussgespräch statt. Falls das Gespräch nicht dazu führt, dass die Bescheinigung gemäß § 40 Abs. 3 Satz 2 PflBG ausgestellt werden kann, hat der Teilnehmer das Recht, den Anpassungslehrgang noch ein weiteres Mal zu absolvieren. Gemäß § 44 Abs. 4 PflAPrV ist nur eine einzige Wiederholung erlaubt. Entscheidet die Fachprüferin oder der Fachprüfer nach einem Abschlussgespräch, dass die Teilnehmerin oder der Teilnehmer den Anpassungslehrgang nicht erfolgreich absolviert hat, wird im Benehmen mit der anwesenden Lehrkraft

---

[7] Ausführlicher hierzu Haage (2019) Pflegeberufe-Ausbildungs- und Prüfungsverordnung. Kommentar. 1. Online-Aufl., Nomos, Baden-Baden, § 44 Rdnr. 8.

oder der Praxisanleiterin oder dem Praxisanleiter über eine einmalige, angemessene Verlängerung des Anpassungslehrgangs entschieden. Nach der Verlängerung erfolgt ein weiteres Abschlussgespräch. Sollte auch nach diesem Gespräch keine Bescheinigung gemäß Abs. 3 Satz 2 ausgestellt werden können, ist es gestattet, den Anpassungslehrgang einmalig zu wiederholen.

Falls die Wiederholungsprüfung ebenfalls nicht erfolgreich ist, wird der Antragsteller als ungeeignet betrachtet, da seine Mängel im vorgegebenen Verfahren nicht ausgeglichen werden konnten. Es gibt jedoch keine weiteren rechtlichen Konsequenzen. Gemäß dem Sinn und Zweck soll im Gegensatz zu einer nicht bestandenen Inlandsprüfung so verfahren werden, dass, weil eine weitere Zulassung zu einem Anpassungslehrgang nicht möglich ist, auch eine Ausbildung, falls sie im Inland durchgeführt werden soll, nicht mehr zulässig ist. Für den Fall, dass die Kenntnisprüfung nicht bestanden wird, kann der Antragsteller gleichfalls nicht auf einen Anpassungslehrgang ausweichen.[8]

▶ **Wichtig**
Der Anpassungslehrgang soll Defizite abstellen und die erforderlichen Fähigkeiten sicherstellen. Bei Nichtbestehen entscheiden Fachprüfer und Lehrkraft über eine einmalige Verlängerung. Das wiederholte Nichtbestehen führt zur Bewertung als ungeeignet. Ein Ausweichen auf den Anpassungslehrgang nach nicht bestandener Kenntnisprüfung ist ebenfalls nicht zulässig.

6.5 Übergangsregelung für die Anerkennung ausländischer Pflegeausbildungen

§ 66a PflBG enthält eine Übergangsvorschrift, die es ermöglicht, ausländische Pflegeberufsabschlüsse, die außerhalb eines EU-Mitgliedstaats, eines EWR-Vertragsstaats oder der Schweiz erworben wurden, bis zum 31. Dezember 2024 auf der Grundlage der am 31. Dezember 2019 geltenden Vorschriften des Krankenpflegegesetzes (KrPflG) oder des Altenpflegegesetzes (AltPflG) anzuerkennen. Für Entscheidungen über die Anerkennung von Berufsausbildungen, die in einem anderen Mitgliedstaat der EU, einem anderen Vertragsstaat des EWR oder der

---

[8] Haage (2019) Pflegeberufe-Ausbildungs- und Prüfungsverordnung. Kommentar. 1. Online-Aufl., Nomos, Baden-Baden, PflBG § 44 Rdnr. 10.

Schweiz erworben oder anerkannt wurden, gilt diese Übergangsvorschrift entsprechend, sofern die Voraussetzungen nach § 41 Abs. 1 des PflBG nicht erfüllt sind.

Bis zum Ende der Übergangszeit werden die Dokumente mit der Erlaubnis zur Führung der Berufsbezeichnung Gesundheits- und Krankenpfleger/in, Gesundheits- und Kinderkrankenpfleger/in oder Altenpfleger/in ausgestellt. Es entsteht den Personen kein Nachteil, da das Pflegeberufegesetz in § 64 die Personen mit der Erlaubnis zum Führen dieser Berufsbezeichnungen mit jenen gleichstellt, die die Erlaubnis zum Führen der Berufsbezeichnung Pflegefachfrau/-mann erhalten. Diese Übergangsregelung gilt nicht für Ausbildungen, die in anderen EU-Mitgliedstaaten durchgeführt wurden, wenn sie mit der EU-Richtlinie 2005/36/EG übereinstimmen und deshalb automatisch anerkannt werden. Die Anerkennung erfolgt gemäß dem Pflegeberufegesetz (vgl. § 42 PflBG), und es wird eine Urkunde über die Führung der Berufsbezeichnung Pflegefachfrau/-mann ausgestellt.

6.6   Pflegestudiumstärkungsgesetz

Das Pflegestudiumstärkungsgesetz (PflStudStG) zur Stärkung der hochschulischen Pflegeausbildung ist am 16. Dezember 2023 in Kraft getreten und bezweckt Erleichterungen bei der Anerkennung ausländischer Abschlüsse in der Pflege. Das Gesetz dient der Umsetzung der Richtlinie 2005/36/EG des Europäischen Parlaments und des Rates und ändert zahlreiche Vorschriften unter anderem des PflBG, des SGB XI und der PflAPrV. Aufgrund der neuen Vorschriften erhalten Studierende in der Pflege zukünftig für die gesamte Studiendauer eine angemessene Vergütung. Die hochschulische Pflegeausbildung wird mit Ausbildungsvertrag als Duales Studium durchgeführt (§§ 38a, 38b PflBG). Statt der Berufsbezeichnung „Pflegefachfrau" oder „Pflegefachmann" kann nun auch die Bezeichnung „Pflegefachperson" gewählt werden (§ 64a PflBG).

Gemäß § 8 Abs. 7 Satz 4 des SGB XI sind jetzt förderfähige Maßnahmen in Pflegeeinrichtungen solche, die die Vereinbarkeit von Pflege, Familie und Beruf verbessern. Dazu zählen verschiedene Aktivitäten wie individuelle Betreuungsangebote für Pflegefachkräfte, Maßnahmen zur Rückgewinnung von Pflegepersonal, Verbesserungen in der Arbeitszeit- und Dienstplangestaltung, Förderung der Kommunikation unter den Beschäftigten sowie eine familienfreundliche Unternehmenskultur.

Die Kenntnisprüfung kann nun im Gegensatz zu § 45 PflAPrV auch in Form einer anwendungsorientierten Parcoursprüfung durchgeführt werden. Dabei muss die zu prüfende Person nachweisen, dass sie über die erforderlichen Kompetenzen für die Ausübung der Berufe Pflegefachfrau oder Pflegefachmann, Gesundheits- und Kinderkrankenpflegerin oder Gesundheits- und Kinderkrankenpfleger sowie Altenpflegerin oder Altenpfleger verfügt. Die PflAPrV regelt in § 45a die Durchführung der Kenntnisprüfung als anwendungsorientierte Parcoursprüfung gemäß § 40 Abs. 3 Satz 2 PflBG. Dabei wird festgelegt, dass die Prüfung aus fünf Stationen besteht, die jeweils unterschiedliche Kompetenzbereiche abdecken. Jede zu prüfende Person muss die Stationen in einer festgelegten Reihenfolge durchlaufen. Für jede Prüfungsaufgabe müssen bestimmte Unterlagen vorgelegt werden, und die Prüfung erfolgt als Simulationsprüfung, bei der Simulationspatienten eingesetzt werden können. An jedem Parcours nehmen fünf zu prüfende Personen teil, und an jeder Station wird eine Person von zwei Fachprüfern geprüft. Ein strukturierter Beurteilungsbogen ermöglicht es, die Leistungen an jedem Standort zu bewerten. Die Gesamtpunktzahl der zu prüfenden Person wird ermittelt, und die Prüfung ist bestanden, wenn alle Stationen erfolgreich absolviert wurden. Die Kenntnisprüfung als anwendungsorientierte Parcoursprüfung kann einmal wiederholt werden und wird von der oder dem Vorsitzenden des Prüfungsausschusses organisiert. Es gelten spezifische Regelungen für die Durchführung und Organisation der Prüfung sowie für die Zuständigkeit der Prüfungsausschüsse.

6.7 Deutschkenntnisse als Voraussetzung

Personen, die die Erteilung einer Erlaubnis zum Führen der Berufsbezeichnung beantragen, müssen gemäß den relevanten Berufsgesetzen, z. B. nach § 2 Nr. 4 PflBG, über die notwendigen Kenntnisse der deutschen Sprache verfügen, um den Beruf ausüben zu können. Pflegefachkräfte und andere Fachkräfte im Gesundheitswesen, die im Ausland beschäftigt sind, müssen ausreichende Deutschkenntnisse besitzen, um ihre Patientinnen und Patienten sowie Kolleginnen und Kollegen ohne wesentliche Rückfragen zu verstehen und sich ohne große Anstrengung so verständigen zu können, sodass sie ihre beruflichen Aufgaben wahrnehmen können. Es ist erforderlich, je nach Bundesland mindestens Sprachkenntnisse auf dem Niveau B1 oder B2 oder für Logopäden normalerweise auf dem Niveau C1 des europäischen Referenzrahmens für Sprachen (GER) zu besitzen.

Die Bundesländer haben einen gemeinsamen Standard für die Bewertung der Sprachkenntnisse vereinbart, die für die Ausübung von Berufen notwendig sind. In Zukunft werden nur noch Sprachnachweise von Anbietern akzeptiert, die durch eine Mitgliedsinstitution der ,Association of Language Testers in Europe' (ALTE) zertifiziert sind, um die für die Berufsausübung erforderlichen Deutschkenntnisse in den Pflege- und Gesundheitsfachberufen nachzuweisen. Wenn eine Bescheinigung über einen präzisierten, erfolgreich abgelegten Sprachtest vorgelegt wird, der nicht länger als drei Jahre zurückliegt, gilt der Nachweis der erforderlichen Sprachkenntnisse als erbracht.[9]

Für Krankenhäuser ist es von Bedeutung, dass das Sprachniveau möglichst auf das Niveau C1 ansteigt. Auch nach bestandener Prüfung kann noch eine Anhebung auf das Niveau C1 erfolgen. Es ist entscheidend, dass die Pflegefachkräfte auf einem höheren Niveau mit Ärzten, Patienten und Patientenangehörigen kommunizieren können. Nur wenn die Pflegefachkraft die deutsche Sprache und speziell die medizinische Fachsprache gut versteht, kann sie diese Kommunikationsebene erreichen. Es ist auch davon auszugehen, dass eine Pflegefachkraft ihr Bestes tun wird, um in Deutschland erfolgreich zu sein, wenn sie ihr Heimatland, ihre Familie, Freunde und ihren Kulturkreis verlassen hat, um anderen Menschen in einem fremden Land zu helfen.

6.8   Erteilung der Erlaubnis

Die Bewerber, die eine ausländische Pflegeausbildung anerkennen lassen möchten, müssen neben weiteren Unterlagen einen Lebenslauf und ein Identifikationsdokument wie etwa einen Reisepass vorlegen. Außerdem müssen im weiteren Verfahren Nachweise über die notwendigen Kenntnisse dem deutschen Sprachzertifikat Niveau B1 bzw. B2 gemäß dem Gemeinsamen Europäischen Referenzrahmen, ein amtliches polizeiliches Führungszeugnis (Zuverlässigkeitsüberprüfung) aus dem Herkunftsland und Deutschland sowie eine ärztliche Bescheinigung (gesundheitliche Eignung) vorgelegt werden, um die zusätzlichen Voraussetzungen des § 2 Abs. 1 Nr. 1 bis 4 PflBG zu erfüllen.[10] Falls die Pflegeausbildung im Ausland gleichwertig zur deutschen Ausbildung ist oder die anerkennungssuchende Person durch eine Anpassungsmaßnahme die Gleichwertigkeit ihres Kenntnisstandes nachgewiesen hat, kann die zuständige Behörde die Erlaubnis erteilen, die Berufsbezeichnung Pflegefachfrau oder Pflegefachmann zu führen, sofern auch die Voraussetzungen des § 2 Abs. 1 Nr. 2 bis Nr. 4 PflBG

---

[9] Abgerufen unter: https://rp.baden-wuerttemberg.de/themen/bildung/ausbildung/seiten/auslaendische-abschluesse-1/ (letzter Zugriff am 31. Januar 2023).

[10] *Schilling,* Das Verfahren zur Anerkennung ausländischer Berufsabschlüsse in der Pflege nach dem Pflegeberufegesetz. *Neue Zeitschrift für Sozialrecht* 2021, S. 16.

erfüllt sind. Es ist erforderlich, dass die Person, die um eine Anerkennung sucht, eine Erlaubnisurkunde gemäß § 42 Satz 1 PflAPrV ausgestellt bekommt.[11]

Im nächsten Abschnitt wird der Fokus auf die Integration dieser Fachkräfte in den deutschen Pflegekontext gelegt.

---

[11] *Schilling*, Das Verfahren zur Anerkennung ausländischer Berufsabschlüsse in der Pflege nach dem Pflegeberufegesetz. *Neue Zeitschrift für Sozialrecht* 2021, S. 16.

Integration in den deutschen Pflegekontext

Die Integration ausländischer Pflegefachkräfte in das deutsche Gesundheitssystem ist ein vielschichtiger Prozess, der sowohl Erfahrungen als auch Herausforderungen mit sich bringt. Für Pflegefachkräfte, die aus anderen Ländern nach Deutschland kommen, ist die Anpassung an das deutsche Pflegesystem oft entscheidend. Hierbei sind sowohl professionelle als auch kulturelle Aspekte zentral.

Die Überwindung von Sprachbarrieren stellt eine der ersten Herausforderungen dar. Sowohl die fachliche Kommunikation mit Kollegen als auch die Verständigung mit Patienten erfordern eine hohe Sprachkompetenz.

Die Krankenpflege wird stark vom kulturellen Umfeld und sozialen Hintergrund der Pflegenden beeinflusst. Schon innerhalb der eigenen Kulturen können Missverständnisse und Kommunikationsstörungen auftreten. Interkulturelle Missverständnisse werden oft nicht erkannt und als Mangel an gutem Benehmen interpretiert, was durch ausreichende Informationen über verschiedene Kulturen vermieden werden könnte.[1]

Arbeitgeber und Institutionen erkennen die Bedeutung einer effektiven Integration ausländischer Pflegefachkräfte an und setzen hierfür unterstützende Maßnahmen um. Dazu gehört die Bereitstellung von Sprachförderung und interkulturellen Schulungen, um die Sprachkenntnisse zu verbessern und ein Verständnis für die deutsche Arbeitskultur zu entwickeln. Ebenso werden Mentoring-Programme eingeführt, bei denen neue Pflegefachkräfte von erfahrenen Kollegen begleitet

---

[1] *Kuhn* (2000) Unterschiede im Krankheitsverständnis und transkulturelle Pflege. *Zeitschrift für medizinische Ethik,* 2000, S. 199-206.

D. M. Hradecky und G. G. Sander, *Internationale Pflegefachkräfte für kommunale Krankenhäuser gewinnen,* essentials, https://doi.org/10.1007/978-3-658-44618-5_7

werden, um sowohl den Wissensaustausch als auch emotionale Unterstützung zu fördern. Strukturierte Einführungsprogramme geben ausländischen Pflegefachkräften einen Überblick über das deutsche Gesundheitssystem, die Arbeitsabläufe und relevante rechtliche Aspekte. Darüber hinaus wird eine kollegiale Atmosphäre im Team gefördert, in der Teammitglieder offen für kulturellen Austausch sind und gemeinsam an Lösungen für auftretende Herausforderungen arbeiten.

Die Integration ausländischer Pflegefachkräfte erfordert somit nicht nur individuelle Anpassungsbereitschaft, sondern auch eine proaktive Unterstützung seitens der Arbeitgeber und Institutionen. Durch ganzheitliche Integrationsansätze können sowohl die Pflegefachkräfte als auch das deutsche Gesundheitssystem von der Vielfalt und den unterschiedlichen Erfahrungen profitieren.

> **Tipp**
> Gezielte Maßnahmen wie Sprachförderung, interkulturelle Schulungen und Mentoring-Programme fördern eine kollegiale Atmosphäre und ermöglichen eine proaktive Unterstützung seitens der Arbeitgeber, um Vielfalt und unterschiedliche Erfahrungen zu fördern.

Was Sie aus diesem *essential* mitnehmen können

- Gründe für zunehmende Problematik aufgrund des demografischen Wandels und Belastungen in der Pflege
- Einführung in verschiedene für die Pflegerekrutierung einschlägige Gesetze
- Das Anerkennungsverfahren
- Herausforderungen der Pflegefachkraftgewinnung im Ausland
- Tipps und wichtige Feststellungen

Schluss

Der Mangel an Pflegefachkräften in Deutschland wird immer dringlicher, und sowohl der Gesetzgeber als auch die Regierungen auf Bundes- und Länderebene haben Maßnahmen ergriffen, um neue Lösungen zu finden. Insbesondere werden Maßnahmen zur Anwerbung ausländischer Pflegefachkräfte aus Drittstaaten implementiert, wodurch Deutschland zur Entlastung der Arbeitsmärkte in den Herkunftsländern beiträgt und gleichzeitig Pflegefachkräfte aus verschiedenen Kulturen mit unterschiedlichen Perspektiven gewinnt, was eine potenzielle Bereicherung für den Pflegebereich darstellen könnte.[1] Ende 2021 waren bereits 236.000 ausländische Pflegefachkräfte in Deutschland sozialversicherungspflichtig beschäftigt. Der Großteil der ausländischen Pflegerinnen und Pfleger stammt dabei aus Europa. Im Jahr 2021 kamen aber auch 2109 Pflegefachkräfte aus Brasilien und 652 aus Mexiko nach Deutschland.[2]

Es werden vielfältige, kreative Maßnahmen ins Auge gefasst. So zum Beispiel plant die Landesregierung von Baden-Württemberg die Einführung einer neuen digitalen Behörde zur Fachkräfteeinwanderung, die eng mit der Bundesagentur für Arbeit, den Berufsanerkennungsstellen der Regierungspräsidien und den „Welcome Centern" des Landes zusammenarbeiten wird. Ähnliche Initiativen existieren bereits in anderen Bundesländern wie Hessen und Bayern, um ausländische Pflegefachkräfte anzuziehen. Ein Runder Tisch, der sich aus Vertretern verschiedener Organisationen zusammensetzt, befasst sich ebenfalls mit diesem Thema.[3] Die Bundesagentur für Arbeit veranlasst staatliche Kooperationen zum

---

[1] *Achoumrar*, Transkulturelle Perspektive: Was bedeutet „gute Pflege"? *Pflegezeitschrift*. 10/2023, S. 60–62.

[2] Abgerufen unter: https://migrant-integration.ec.europa.eu/news/deutschland-wirbt-um-Pflegefachkraefte-aus-lateinamerika_de (letzter Zugriff am 31. Januar 2024).

[3] Abgerufen unter: https://www.swr.de/swraktuell/baden-wuerttemberg/fachkraeftemangel-pflege-landtag-100.html (letzter Zugriff am 31. Januar 2024).

Beispiel mit Indien. Die ersten Pflegefachkräfte aus dieser Vereinbarung trafen
im Jahr 2023 ein.[4]

In Deutschland besteht ein Mangel an Fachkräften, während in Brasilien
Fachkräfte verschiedener Branchen, vor allem in der Pflege, häufig Arbeitsmög-
lichkeiten suchen. Obwohl Strategien wie die Verbesserung der Ausbildung und
die Förderung der Erwerbstätigkeit von Frauen und älteren Arbeitnehmern Teil
der deutschen Fachkräftepolitik sind, genügen sie nicht, um die demografische
Lücke zu schließen. Infolgedessen hat die Bundesregierung das Einwanderungs-
gesetz novelliert, um qualifizierte Arbeitskräfte aus Drittstaaten zu gewinnen und
die Wirtschaft zu stärken. Der Bundesminister für Arbeit und die Bundesaußen-
ministerin reisen im Jahr 2023 nach Brasilien, um Fachkräfte, insbesondere aus
dem Pflegebereich, für Deutschland zu gewinnen.[5]

In Anbetracht dieser vielfältigen Initiativen und Kooperationen sowie der
wachsenden Zahl ausländischer Pflegefachkräfte in Deutschland bleibt die Her-
ausforderung des Pflegemangels ein zentrales Thema. Die Aufrechterhaltung der
Qualitätsstandards in der Pflege bleibt von entscheidender Bedeutung, während
innovative Maßnahmen und staatliche Kooperationen weiterhin zur Lösung des
Pflegefachkräftemangels beitragen.

---

[4] Abgerufen unter: https://www.tagesschau.de/wirtschaft/indien-Pflegefachkraefte-100.html
(letzter Zugriff am 31. Januar 2024).

[5] Abgerufen unter: https://www.bmas.de/DE/Service/Presse/Meldungen/2023/werben-um-
fachkfraefte-in-brasilien.html (letzter Zugriff am 31. Januar 2024).

Literatur/Zum Weiterlesen

Bücher

Böse C, Schmitz N (2022) Wie lange dauert die Anerkennung ausländischer Berufsqualifikationen? Analysen zur Verfahrensdauer anhand der amtlichen Statistik für die Jahre 2017 bis 2021; Ergebnisse des BIBB-Anerkennungsmonitorings. BiBB, Bonn

Breinbauer M (2020) Arbeitsbedingungen und Arbeitsbelastungen in der Pflege. Springer, Wiesbaden

Drupp M., Meyer, M (2020). Belastungen und Arbeitsbedingungen bei Pflegeberufen – Arbeitsunfähigkeitsdaten und ihre Nutzung im Rahmen eines Betrieblichen Gesundheitsmanagements. In: Jacobs K, Kuhlmey, A, Greß S, Klauber J, Schwinger A (Hrsg.) Pflege-Report 2019. Springer, Berlin, Heidelberg

Haislah-Lohmann A (2012) Stressreport Deutschland, Psychische Anforderungen, Ressourcen und Befinden. Bundesanstalt für Arbeitsschutz und Arbeitsmedizin, Dortmund, Berlin, Dresden

Hellenkamp D (2023) Bankwesen im Zeitalter von Disruptionen. Springer, Wiesbaden

Reimer F (2021) Das Recht auf Gesundheit, eine rechtsvergleichende Perspektive, Deutschland. In: Diez Parra (Hrsg.). Bibliothek für Vergleichendes Recht, Straßburg

Stollmann F, Wollschläger A (2019) Die Regelungen für den Krankenhausbereich im Pflegepersonal-Stärkungsgesetz. In: Laufs A, Kern B, Rehborn M (Hrsg) Handbuch des Arztrechts. 5. Aufl. C.H. Beck, München, § 79

Theobald H (2022) Zur Situation der Pflegefachkräfte in Deutschland – Herausforderungen und Lösungsansätze. In: Waldenberger F, Naegele G, Kudo H, Matsuda T (Hrsg.) Alterung und Pflege als kommunale Aufgabe Deutsche und japanische Ansätze und Erfahrungen. Springer, Wiesbaden, S 163–178

Rechtskommentaren

Nusser J (2022) In: Bergmann J, Dienelt K (Hrsg) Ausländerrecht. Kommentar. 14. Aufl., C.H. Beck, München, AufenthG § 18a

Breidenbach W (2023) In: Kluth W, Heusch A (Hrsg) BeckOK Ausländerrecht. 39. Edition, C.H. Beck, München, AufenthG § 81a

© Der/die Herausgeber bzw. der/die Autor(en), exklusiv lizenziert an Springer Fachmedien Wiesbaden GmbH, ein Teil von Springer Nature 2024
D. M. Hradecky und G. G. Sander, *Internationale Pflegefachkräfte für kommunale Krankenhäuser gewinnen*, essentials, https://doi.org/10.1007/978-3-658-44618-5

Haage H (2019) Pflegeberufe-Ausbildungs- und Prüfungsverordnung. Kommentar. 1.
    Online-Aufl., Nomos, Baden-Baden
Haage H (2019) Pflegeberufegesetz. Kommentar. 1. Online Aufl., Nomos, Baden-Baden
Hocks S, Leuschner J (2023) In: Hofmann R (Hrsg) Ausländerrecht. Kommentar. 3. Aufl.,
    Nomos, Baden-Baden, AufenthG § 18
Fleuß M (2023) In: Kluth W, Heusch A (Hrsg) BeckOK Ausländerrecht. 39. Edition, C.H.
    Beck, München, AufenthG § 16d
Starzer A (2022) In: Spickhoff A (Hrsg.) Medizinrecht. Kommentar.4. Aufl., C.H. Beck,
    München, KHEntgG § 4

Zeitschriften

Achoumrar A (2023) Transkulturelle Perspektive: Was bedeutet „gute Plege"? *Pflegezeit-
    schrift*. Oktober, S 60–62 https://doi.org/10.1007/s41906-023-2157-8
Kuhn B (2000) Unterschiede im Krankheitsverständnis und transkulturelle Pflege. *Zeitschrift
    für medizinische Ethik* 46, 3, 199–206, https://doi.org/10.30965/29498570-04603004
Ostermann L (2020) International: Pflegende aus Drittstaaten rekrutieren. *Pflegezeitschrift*.
    April, S 14–17 https://doi.org/10.1007/s41906-020-0675-1
Schilling G (2021) Das Verfahren zur Anerkennung ausländischer Berufsabschlüsse in der
    Pflege nach dem Pflegeberufegesetz. *Neue Zeitschrift für Sozialrecht*, S 12–16

Webseiten

Auswärtiges Amt: https://digital.diplo.de/navigator/de/visa/overview/blue-card-eu (letzter
    Zugriff am: 31. Januar 2024)
Bundesagentur für Arbeit: https://web.arbeitsagentur.de/entgeltatlas/beruf/132172 (letzter
    Zugriff am: 31. Januar 2024)
Bundesamt für Soziale Sicherung: https://www.bundesamtsozialesicherung.de/de/themen/
    innovationsfonds-und-krankenhausstrukturfonds/krankenhausstrukturfonds/   (letzter
    Zugriff am: 31. Januar 2024)
Bundesgesundheitsministerium: https://www.bundesgesundheitsministerium.de/service/beg
    riffe-von-a-z/f/fallpauschalen (letzter Zugriff am: 31. Januar 2024)
Bundesgesundheitsministerium: https://www.bundesgesundheitsministerium.de/presse/pre
    ssemitteilungen/tarifliche-bezahlung-in-der-altenpflege-verpflichtend (Letzter Zugriff
    am 31. Januar 2024)
Bundesministerium für Arbeit und Soziales: https://www.bmas.de/DE/Service/Presse/Mel
    dungen/2023/werben-um-fachkraefte-in-brasilien.html (letzter Zugriff am 31. Januar
    2024).
Das Portal der Bundesregierung für Fachkräfte aus dem Ausland: https://www.make-it-
    in-germany.com/de/visum-aufenthalt/fachkraefteeinwanderungsgesetz?gad=1&gclid=
    EAIaIQobChMIxeW1wMnD_wIVywaLCh3trAvzEAAYASAAEgLcF_D_BwE (letzter
    Zugriff am 31. Januar 2024)

Das Portal der Bundesregierung für Fachkräfte aus dem Ausland: https://www.make-it-in-ger many.com/de/visum-aufenthalt/fachkraefteeinwanderungsgesetz (letzter Zugriff am 31. Januar 2024)

Das Portal der Bundesregierung für Fachkräfte aus dem Ausland: https://www.make-it-in-germany.com/de/service/glossar/glossar/do/show/engpassberuf (letzter Zugriff am: 31. Januar 2024).

Das Portal der Bundesregierung für Fachkräfte aus dem Ausland: https://www.make-it-in-ger many.com/de/visum-aufenthalt/arten/blaue-karte-eu (letzter Zugriff am 31. Januar 2024)

Das Portal der Bundesregierung für Fachkräfte aus dem Ausland: https://www.make-it-in-germany.com/de/auslaendische-Pflegefachkraefte-fuer-den-deutschen-arbeitsmarkt-gew innen (letzter Zugriff am 31. Januar 2024)

Deutsche Gesellschaft für Internationale Zusammenarbeit: https://www.giz.de/de/mit_der_giz_arbeiten/11666.html (letzter Zugriff am 31. Januar 2024)

Destatis: https://www.destatis.de/DE/Themen/Gesellschaft-Umwelt/Bevoelkerung/Geb urten/_inhalt.html (letzter Zugriff am 31. Januar 2024)

Destatis: https://www.destatis.de/DE/Themen/Querschnitt/Demografischer-Wandel/_inhalt. html#120368 (letzter Zugriff am 31. Januar 2024)

Destatis: abgerufen unter: https://www.destatis.de/DE/Presse/Pressemitteilungen/2021/05/ PD21_N032_622.html (letzter Zugriff am 31. Januar 2024)

Destatis: https://www.destatis.de/DE/Presse/Pressemitteilungen/2021/05/PD21_N032_622. html (letzter Zugriff am 31. Januar 2024)

Destatis: https://www.destatis.de/DE/Presse/Pressemitteilungen/2024/01/PD24_033_23_12. html (Letzter Zugriff am 31. Januar 2024)

Destatis: https://www.destatis.de/DE/Themen/Gesellschaft-Umwelt/Bevoelkerung/Geb urten/_inhalt.html (letzter Zugriff am 31. Januar 2024).

Landesregierung Baden-Württemberg: https://rp.baden-wuerttemberg.de/themen/bildung/ ausbildung/seiten/auslaendische-abschluesse-1/ (letzter Zugriff am 31. Januar 2024)

Praktisch Arzt: https://www.praktischarzt.de/medizinische-berufe/altenpfleger-gehalt/ (letz ter Zugriff am 31. Januar 2024)

Statista: https://de.statista.com/statistik/daten/studie/1044984/umfrage/krankenstand-in-pfl egenden-berufe-in-deutschland-nach-beruf/ (letzter Zugriff am 31. Januar 2024)

Statista: https://de.statista.com/statistik/daten/studie/273406/umfrage/entwicklung-der-leb enserwartung-bei-geburt-in-deutschland-nach-geschlecht/ (letzter Zugriff am 31. Januar 2024)

Statista: https://de.statista.com/statistik/daten/studie/420385/umfrage/vakanzzeit-von-soz ialversicherungspflichtigen-arbeitsstellen-ausgewaehlter-engpassberufe-in-deutschland/ (letzter Zugriff am 31. Januar 2024)

Statistik der Bundesagentur für Arbeit: https://statistik.arbeitsagentur.de/DE/Navigation/ Statistiken/Interaktive-Statistiken/Fachkraeftebedarf/Engpassanalyse-Nav.html (letzter Zugriff am 31. Januar 2024).

Statistik der Bundesagentur für Arbeit: https://statistik.arbeitsagentur.de/DE/Navigation/ Statistiken/Interaktive-Statistiken/Fachkraeftebedarf/Engpassanalyse-Nav.html (letzter Zugriff am: 31. Januar 2024)

World Health Organization: https://www.who.int/publications/i/item/wha68.32 (letzter Zugriff am 31. Januar 2024)

Printed in the United States
by Baker & Taylor Publisher Services